Farbenprächtiger Kreuzstich

rosenheimer ISBN 3-475-52821-5

Anchor FARBEMPFEHLUNGEN ART. 4635 STICKTWIST 8 m

DMC	Anchor	DMC	Anchor	DMC	Anchor	DMC	Anchor	DMC	Anchor	DMC	Anchor	DMC	Anchor
208	111	400	351	600	78	744	301	839	360	955*	206	3364	260
209	109	402	1047	601	63	745	300	840	379	958	187	3371	382
210	108	407	914	602	57	746	275	841	378	962	75	3607	87
211	342	413	401	603	62	747	158	869	944	963	73	3608	86
224	893	414	235	604	55	754	1012	890	683	966	206	3609	85
225	1026	415	398	605	50	760	1022	891	35	970	316	3687	68
300	352	422	943	606	335	761	1021	893	41	971*	316	3689	49
301	1049	433	371	608	332	762	234	894	26	972*	298	3716	25
304	1006	436	1045	632	936	772	259	895	1044	973	297	3721	896
307	289	444*	290	640	903	775	128	898*	360	975	355	3731	76
309	42	445	288	644	830	776	24	899	52	976	1001	3733	75
311	148	453	231	666	46	778	968	900	333	977	1002	3743	869
312	979	469	267	676	891	780	310	904	258	986	246	3746	1030
318	399	470*	267	677	886	781	309	905	257	989	242	3747	120
319	218	471	266	680	901	782	308	906	256	991	189	3750	1036
320	215	472	253	699	923	783	307	907	255	992	187	3752	1032
321	9046	498	1005	700	228	791	178	909	923	993	186	3753	1031
326	59	500	683	701	227	792	941	910	230	996	433	3755	140
327	100	501	878	702	226	793	176	911	205	3011	845	3756	1037
333	119	502	876	703	238	794	175	912	209	3012	844	3760	169
334	977	503	875	704	256	796	133	913	204	3013	842	3761	928
335	38	504	1042	718	88	797	132	915	1029	3031	360	3765	169
336	150	517	162	720	326	798	131	917	89	3042	870	3766	167
340	118	519	1038	721	324	799	136	918	341	3047	852	3772	1007
341	117	520	862	722	323	801	359	919	340	3051	681	3773	1008
347	1025	550	101	725	305	806*	168	920	1004	3053	858	3776	1048
349	13	552	99	726	295	807	168	921	884	3064	883	3777	1015
350	11	553	98	727	293	809	130	930	1035	3078	292	3778	1013
351	10	554	96	730	845	813	161	931	1034	3325	129	3779	868
352	9	561	212	731	924	817	13	932	1033	3326	36	3781	1050
353	6	562	210	732	281	820	134	935	861	3328	1024	3782	388
367	217	563	208	733*	280	823	152	937	268	3340	329	3790	393
368	214	564	206	734	279	824	164	938	381	3341	328	3799	236
369	1043	580	281	740*	316	825*	162	945	881	3346	267		
370	855	581	280	741	304	826*	161	946	332	3347	266		
371	854	597	168	742	303	827	160	947	330	3348	264		
372	853	598	167	743	302	838*	380	954	203	3362	263		

Diese Tabelle empfiehlt Anchor Sticktwist-Farben, die den Originalstickereien möglichst genau entsprechen. Sie enthält lediglich einen Auszug aus der umfangreichen Farbpalette von Anchor Sticktwist. Wenden Sie sich bitte an Ihr Fachgeschäft, wenn Sie mehr wissen wollen über die 444 lieferbaren Farbtöne.

Das Symbol* zeigt an, daß wir in dem Buch „Farbenprächtiger Kreuzstich“ bei einigen Modellen die Wahl besonderer Farben empfehlen. Die jeweiligen Modelle befinden sich auf den angegebenen Seiten.

	Anchor	DMC		Anchor	DMC		Anchor	DMC
S. 23	169	806	S. 73	314	971	S. 100	279	733
S. 25	169	806		304	740	S. 112	381	838
S. 38	161	825		38	898		306	972
S. 40	162	826	S. 86	304	740		298	444
S. 69	266	470	S. 99	1042	955			

Farbenprächtiger Kreuzstich

Elio Michelotti (Fotografie)
Miky Dessein (Zeichnungen)

rosenheimer

INHALT

Titel der italienischen Originalausgabe:
Dollfus, Mieg & C.
"Punto croce sul filo del colore"

Übersetzung: Barbara Bellino-Meier
Redaktion: Arts & Ad, München –
Carol & Frank Gilges

Lithographie: Fotolito Colour Computer,
Milano
Seletecnica, Milano
Satz: Arts & Ad, München
Druck: Arti Grafiche Monico, Cremona

Texte: Elda Filippi (Technik) und
Mariarosa Schiaffino

ISBN 3-475-52821-5

Zwischen 1965 und 1980 brachte ein Umdenken in der Gesellschaft mit sich, daß Handarbeiten, besonders aber das Sticken, in den Hintergrund traten. Es schien, als solle die Frau durch die Übernahme neuer Positionen und Aufgaben in der Gesellschaft gänzlich mit den traditionellen Handarbeiten mit Nadel und Faden brechen. Gleichzeitig fehlte es den Fachleuten auf diesem Gebiet an innovativer Energie, um dieser Tendenz entschieden gegenzusteuern.
Es waren die Frauen selbst, die schon bald diesen kreativen Bereich im wahrsten Sinne des Wortes wieder "in die Hand" nahmen. Die Freude und die Begeisterung, welche sie am Sticken, am Umgang mit Nadel und Faden zeigten, wurden zugleich eine neue Ausdrucksform ihrer Empfindsamkeit und ihrer Weiblichkeit.
Die DMC, weltweit Marktführer für Stickgarne, die bereits seit zweihundert Jahren diesen Markt betreut, ist durch ihr verstärktes Engagement auf diese neue "Sticklust" eingegangen.
Die kontinuierliche und gute Zusammenarbeit mit dem Verlag und der Rakam, der bekannten italienischen Zeitschrift für Handarbeiten, hat einen wesentlichen Beitrag dazu geleistet, das Interesse an der Stickerei neu zu wecken und zu verbreiten.
Der Kreuzstich nimmt hierbei eine besonders wichtige Position ein. Die Lebendigkeit, die Einfachheit und die Aktualität der Entwürfe sind früher wie heute untrennbar miteinander verbunden. Die Motive, Vorlagen und Ideen für diese Technik des Stickens stammen größtenteils aus dem angelsächsischen Raum. Was jedoch bislang fehlte, war ein richtungsweisendes Buch, das den italienischen Geschmack, den es zweifellos auf diesem Gebiet gibt, angemessen zum Ausdruck brachte. Aus eben jenem Grund entstand dieses Buch – das erste seiner Art. Es besticht durch seine Praxisnähe und Anschaulichkeit.

Wir danken dem Verlag und der Rakam für die Hilfe bei der Realisierung dieses Projekts und widmen das Buch FARBENPRÄCHTIGER KREUZSTICH all jenen Menschen, welche die Stickerei lieben und mit DMC-Produkten ihre Arbeiten gestalten.

DOLLFUS MIEG & C.

Unsere Leserinnen bitten wir um Nachsicht, wenn einige Abbildungen mit Kreuzstichmustern nicht als Musterzeichnung im Buch zu finden sind. Die herrlichen Kreuzstichmuster-Stilleben erschienen uns als echte Bereicherung, so daß wir sie auf jeden Fall integrieren wollten, auch wenn uns keine Zählmuster vorlagen. So haben wir uns entschieden, sie sozusagen als Garnierung miteinzustreuen.

ROSENHEIMER VERLAGSHAUS

VORWORT

"Wenn du einen Knopf annähen kannst, kannst du auch eine Rose sticken". Derjenige, der diesen ermutigenden Ausspruch formuliert hat, konnte sicher auf eine langjährige Erfahrung in der Welt der Stickerei zurückblicken.
Es ist das erklärte Ziel dieses Buches, zu beweisen, daß diese einladende Behauptung auch wirklich zutrifft.
Nadel, Faden und Kreuzstich, jener winzige Stich, den man heute überall auf der Welt kennt. Er ist eine recht einfache Sticktechnik, die aber außerordentliche Resultate zeitigt. Eine Sticktechnik, die man mit diesem Buch erlernen kann, einem Buch, das wie eine vergnügliche "Grammatik" aufgebaut ist, die sich jedoch nach und nach in faszinierende Kunstfertigkeit verwandelt.
Regenbögen magisch-wechselvoller Ideen leuchten aus den bunten Garnen. Dieses Buch führt in Versuchung. Seine Anleitungen sind didaktisch ausgearbeitet – darin liegt seine Stärke. Es ist für diejenigen geschrieben, die sich sehr schnell eine makellose Technik erarbeiten wollen.
Hinter jeder Frau, die mit dem Sticken beginnt, steht die Erfahrung von Großmüttern, Müttern und Tanten und deren Lust, ihr Wissen weiterzugeben. Früher fand die mündliche Überlieferung, oftmals mit schlichten spontanen Gesten und Worten, während der langen ruhigen Stunden statt.
Und heute? Müssen wir heute, da das Leben immer hektischer wird und wir immer weniger Zeit haben, auf die Stickerei verzichten? Nein! Dieses Buch möchte Ihnen eine Handarbeit nahebringen, die man tatsächlich leichter wieder erlernen kann, als es scheinen möchte.
Am Ende der hektischen 90er Jahre halten viele Menschen den Frieden jener "arbeitsamen und konzentrierten Ruhepausen", die man mit Sticken zubringt, für ebenso erfüllend, wie die Lektüre eines guten Buches.
Man könnte in der klaren und systematischen Folge der Kapitel beinahe den Verlauf einer Geschichte vermuten, die nicht nur aus strahlenden Farben und sorgsam ausgewählten Motiven besteht, sondern auch aus konkreten Anregungen.
Eine Geschichte mit gutem Ausgang – davon sind wir überzeugt.

Anna Gualtieri
Leiterin der Rakam

HARMONIEN AUS GEKREUZTEN GARNEN

Weiß ist traditionell die Farbe der Unterwäsche. Auch die klassischste Stickerei, welche diese intimsten Stücke schmückt, ist "in weiß". Dagegen verwendet man bunte Farben seit jeher für das Schmücken und die Ausstattung des Hauses, d.h. dort, wo sie gesehen und bewundert werden können.

Die Farben sind besonders wichtig für den Kreuzstich, eine Technik, die zusammen mit der des kleinen Stiches (auch Grundstich genannt) die populärste und verbreitetste des vergangenen Jahrhunderts war. Der Kreuzstich ist heutzutage wieder sehr modern. Sein gegenwärtiger Erfolg ist in vielen Ländern so groß, daß man in der Renaissance des Kunstgewerbes und besonders bei der Stickerei von einem "Kreuzstichphänomen" sprechen darf. Dafür gibt es sicherlich viele Gründe, aber zusammenfassend kann man sagen, daß hier einfache Ausführung und hoher dekorativer Wert zusammentreffen. Und der kann sich wirklich sehen lassen.

Einfacher auszuführen, als zu erklären, war der Kreuzstich gewöhnlich der erste Stich, den man in der Schule lernte. Dies erfuhren nicht nur die Mädchen in den Pensionaten früherer Jahrhunderte. Auch in der heutigen Zeit – zumindest bis vor 40 Jahren – spielen die Handarbeiten eine wichtige Rolle in der Schule. Geometrisch, gleichmäßig, sozusagen "geführt", nutzt der Kreuzstich den Schußfaden von recht lockeren Stoffen, wie z.B. Stramin, aus. Er läuft zweimal in diagonaler Richtung und kreuzt sich zwischen Schuß und Kette. Jemand nannte ihn wegen seiner Struktur liebevoll "Kästchenstich", aber auch – und vor allem – wegen des Kreuzstichmusters, das auf kariertem Papier wiedergegeben wird. Jedes Kästchen entspricht einem Stich, und das macht die Arbeit präziser und leichter.

Man sollte erwähnen, daß diese geniale Technik in Deutschland erstmals im Jahre 1804 verwendet wurde, und daß sie in entscheidender Weise zur Verbreitung der "gezählten Stiche" – Kreuzstich, Dreiviertel-Stich, kleiner Stich – beigetragen hat.

Auf dem karierten Schema kann man Motive, Figuren und viele verschiedene Muster entwerfen. Menschen, die mit Computergrafik arbeiten, kennen sich hiermit gut aus, da sie bei der Bearbeitung von Bildern die gleiche Technik verwenden. Durch die Annäherung verschiedener Farben und die Verwendung unterschiedlicher Nuancen werden die Motive besonders betont und erreichen eine dreidimensionale Wirkung, die mit jener des Gobelins vergleichbar ist.

Die Farben älterer Stickereien, wie jener des 17. und 18. Jahrhunderts, sind nicht nur deshalb sanfter, weil die Zeit sie ausgeblichen hat, sondern auch, weil man damals hellere Farben, Abstimmungen und Ton-in-Ton-Effekte bevorzugte und darüber hinaus nur eine begrenzte Zahl von Farbstoffen verwendete. Das führte zu recht raffinierten Ergebnissen. Im 19. Jahrhundert, besonders in

dessen zweiter Hälfte, hatte man mit der Erfindung der Anilinfarben, die industriell produziert und für das Färben der Garne verwendet wurden, eine viel größere Farbauswahl. In dieser Zeit verbreitete sich der Geschmack an farbenfrohen Stickereien mit starken Kontrasten, oft sehr verschieden von den feinen farbigen Harmonien des vorherigen Jahrhunderts.
Heute stellen uns Chemie und Natur selbstverständlich Stoffe und Garne in zahllosen verschiedenen Farben und Nuancen zur Verfügung. Damit können wir Stickereien jeder Art realisieren, auch was die Färbung betrifft. Man kann wenige Grundfarben benutzen oder gar nur eine einzige in verschiedenen Nuancen. Oder aber man kann Entwürfe wählen, die viele Farben und Töne erfordern, um raffinierte Schatten zu verwirklichen und eine besondere plastische Wirkung zu erzielen.
Dieses Buch ist den Farben gewidmet: von rosa bis grün, von gelb bis blau, rot, violett, orange – die Palette bietet viele Ideen und Anregungen.
Das Farbthema entwickelt sich frei und bildet nach und nach, der klassischen Ikonographie entsprechend, blühende Reben und Kränze, Obstkörbe und mit Bändern gebundene Blumensträuße. Vorbild ist selbstverständlich die frische, vertraute Natur des Gartens und der Felder. Es fehlen jedoch auch nicht die klassischen Motive des Kreuzstichs, nach modernem Geschmack neu interpretiert: Buchstaben und charakteristische Zahlen der *Sampler*, durch welche die jungen Stickerinnen früher die Handarbeit übten und zugleich schreiben, lesen und rechnen lernten. Geometrische und stilisierte Motive bilden Zentralmuster, Säume und Rahmen und bieten der persönlichen Phantasie und Initiative zusätzliches Arbeitsmaterial. Einige der fotografierten Arbeiten sind schematisch in die Zeichnungen übernommen worden. Zusätzlich finden Sie Motive, die Sie nach Belieben nutzen können: einzeln verwendet oder mehrmals wiederholt, um ein Band zu bilden, umgekehrt und nebeneinandergestellt, um neue Motive für verschiedene Zwecke zu entwickeln.
Ein weiterer Vorteil des Buches ist, daß in den Zeichnungslegenden die Zahl der Kästchen und das Maß der Zeichnung in Zentimetern angegeben sind. Das Maß variiert, entsprechend der verwendeten Stoffart.
Diese Angaben sind eine sehr wirkungsvolle praktische Hilfe für alle, die sticken möchten, denn sie ermöglichen, die tatsächliche Größe der Zeichnung zu ermitteln und sie der Arbeit, die man anfertigen will, anzupassen. Jeder kann also, den Stichen, der Jahreszeit und der Verwendung entsprechend, seine Farbe wählen. Wir wünschen uns, daß der Kreuzstich auch für Sie "die Stickerei der fröhlichen Phantasie" sein wird, wie es eine Liebhaberin dieser "Kästchenarbeit" einmal ausdrückte.

Mariarosa Schiaffino

Alles in ROSA

Optimismus, Vertrauen, Gewogenheit, Zärtlichkeit. Keine Farbe stimmt so sehr auf eine positive Lebensanschauung ein, wie rosa. Keine Farbe ist so gut für die Stickerei geeignet, wie rosa. Die Statistiken beweisen es ohne Zweifel: In den Bereichen der Tisch- und der Unterwäsche sowie für Badegarnituren, ist rosa die beliebteste Farbe und siegt auf der ganzen Linie, überall auf der Welt und über sämtliche anderen Farben.

Die kombinierte Farbe, die aus der Verbindung von rot – aggressiv und dynamisch – und weiß – unschuldig und zart – entsteht, besänftigt die Lebhaftigkeit des einen und erwärmt die Kälte des anderen.

Alles was man mit dieser Farbe in Verbindung bringt, hat eine positive Bedeutung: rosa sind die Träume, die Liebesromane, die Weiblichkeit, die Zärtlichkeit... Sogar die Natur zeigt sich in dieser Farbe von ihrer freundlicheren und gütigeren Seite: rosa, wie die Backen eines Kindes, der runde und fleischige Pfirsich, die durchsichtige Engelshautkoralle oder wie das köstliche Fleisch des Lachses und der Garnele.

Im Rosa schließlich, schafft die Rose ihr Meisterwerk. Sie ist die Königin der Gärten, bekam von der Farbe ihren Namen (oder gab *sie* ihn *ihr*?) und zeigt uns diese nun in all ihre bezaubernden Nuancen. Die Blumenwelt jubelt in rosa durch die prachtvolle Pfingstrose, die raffinierte Azalee, die zierliche Clematis, das wilde Heidekraut... und auf tausend anderen Blütenstielen. Aber nicht nur deswegen findet man rosa so oft in der Stickerei: rosige Blumenkronen, Knospen und Blumenblätter entfalten sich auf den Stoffen, drängen sich in Bündeln zusammen, ranken sich zum Kranz...

Auf jeden Fall wird die Arbeit unter den Fingern hervorstrahlen, und sie wird enden, wie eine Romanze mit glücklichem Ausgang.

Oben und auf der vorhergehenden Seite: Bordürenblumen. Unbestrittene Hauptfigur der Stickerei im Kreuzstich ist das "Motiv der Wiederholung", das sich bestens für bestimmte Wiederholungen der Muster eignet. Gewöhnlich wird es in der Zeichnung durch Buchstaben oder Pfeile angezeigt, und die Summe der Wiederholungen bildet genau eine Bordüre. Es eignet sich, um lange Teile zu verzieren, z.B. den Aufschlag eines Bettuches, die Borde der Bettfläche einer Tagesdecke, der Saum eines Vorhanges oder den Sturz einer Tischdecke. Die nuancierten Farben sollen auf der hellen Basis des Stoffes verschmelzen: fast wie ein "gealtertes" Weiß.

Rechts: Die kleinen Gartenbilder werden miteinander verknüpft, so daß sie eine Tischdecke zieren, indem man sie mit einem gelben Netzwerk und einer grünen Kletterpflanze dekoriert. Um die Tischfläche oder die Borte des Sturzes zu gestalten, kann man die Kombination der Bilder beliebig verändern, da die Möglichkeiten der geometrischen Maße und Spielereien unbegrenzt sind: Schachbrett, Zickzack, Diagonalmotive usw.
Man sollte, bevor man beginnt, die Arbeit stets genau planen, indem man auf kariertem Papier, in korrekten Proportionen, präzise Skizzen mit den tatsächlichen Maßen und Strecken aufzeichnet.

Linke Seite: Wenn man von Kreuzstich redet und die *samplers, marquoirs* oder ganz einfach *Beispieltafeln* nicht erwähnt, ist es, als ignorierte man die Vollständigkeit einer Geschichte, als ließe man ein Hauptkapitel aus. Hier ein hübsches Bild eines *Samplers*. Eine feinfühlige Darstellung von Zahlen, Blumenbändern und geometrischen Figuren, fast wie ein Album mit unbekannten Mustern, in dem man blättern kann, um Ideen für einen Rahmen, eine Feinbearbeitung oder einen Saum zu suchen.

Oben: Das Spiel der Bordürenmotive geht mit völlig neuen Kombinationen weiter. Beispielsweise mit dieser hier, bei denen unter den Sträußchen ein Kreuzstichband entlangläuft und sie verbindet, um einem schönen Tischset das Leben zu schenken. Hellgelb (oder eine andere helle Farbe) für das Band, zärtliche Pastellfarben wie rosa, rot, grün oder himmelblau für die Blumen. Nicht vergessen: je größer die Anzahl der Kästchen auf 10 cm Stoff, desto kleiner die Stickerei (vgl. S. 22-23 u. 98).

Selbst eine karierte Tischdecke im Pizzeria-Stil kann zu einer Kostbarkeit werden, wenn man nämlich für den Stoff eine schicke Farbe, wie z.B. grau, und für Blumen und Blätter die Farbskala des dunkleren Rosa und ein Grüngelb wählt. Besser wäre es, die Blumen, die komplett gestickt werden sollen, mit Linien im Steppstich zu unterbrechen, die ebenfalls in die Zeichnung eingearbeitet sind, damit sie wie mit einem Pinselstrich gemalt wirken. Um es nicht zu schwer zu machen, schneller arbeiten zu können und um einem klassischen Motiv des Kreuzstichs einen Hauch des Neuen zu geben, hier unser Vorschlag: die Pfingstrose.

Alles in rosa

DIE ZEICHNUNGEN

* Die Farbnummern bei allen Zeichnungen dieses Buches beziehen sich auf das Garn Mouliné von DMC

1

993
732
370
734
807
3766
309
3326
920
307
746

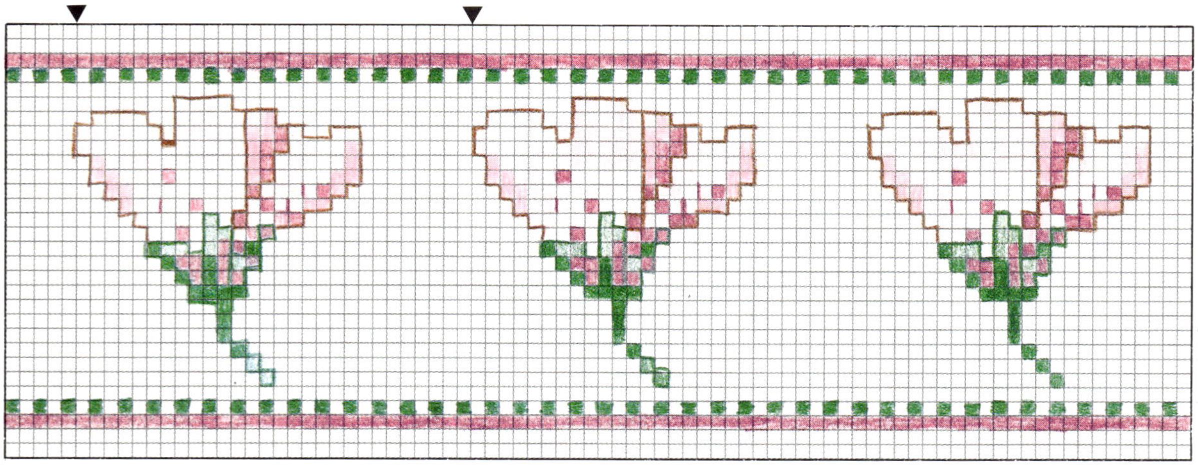

2

991
993
602
962
963

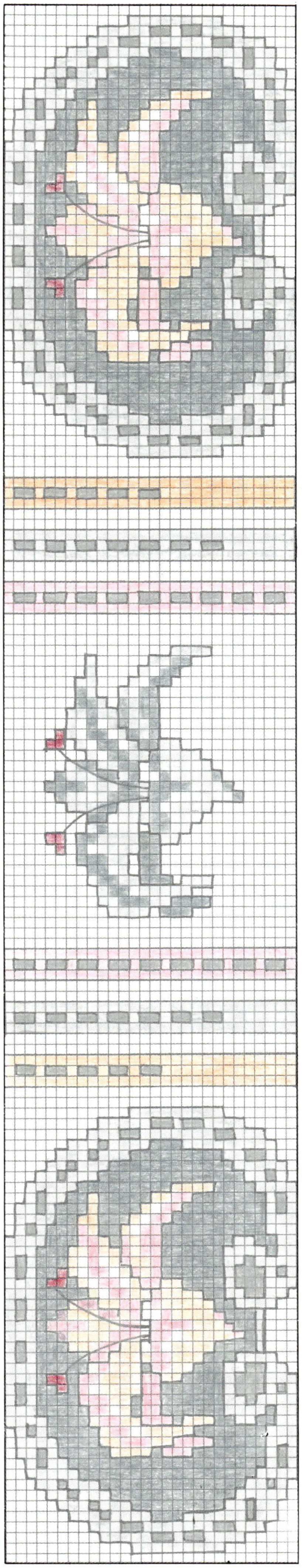

3

3743	
3042	
601	
603	
604	
353	

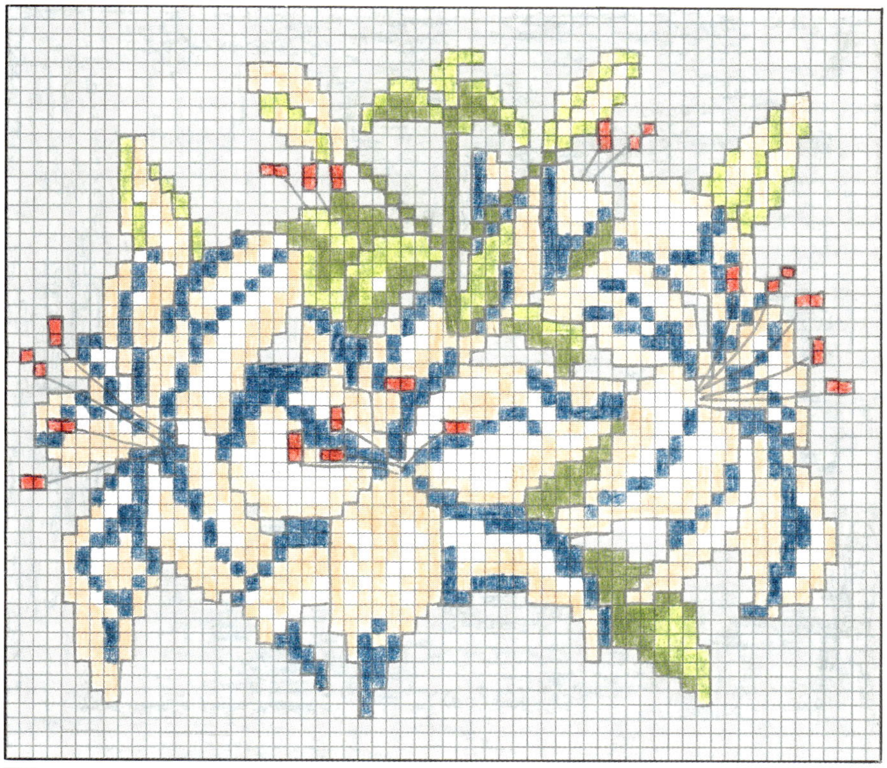

4

824	760
469	347
472	318

402
986
989
606
225
743

5

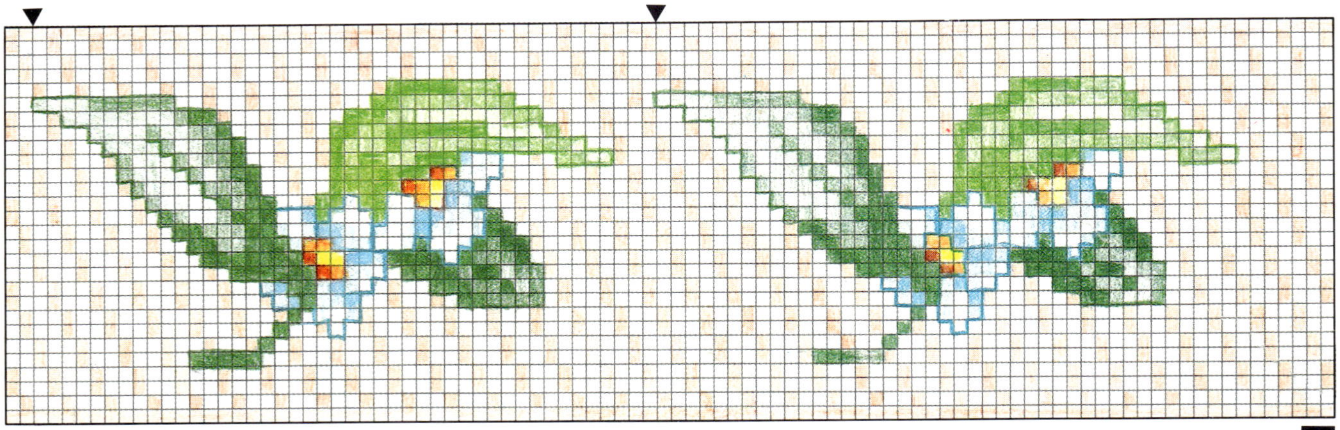

6

500	909	996	971
502	911	3755	973
504	954	900	3779

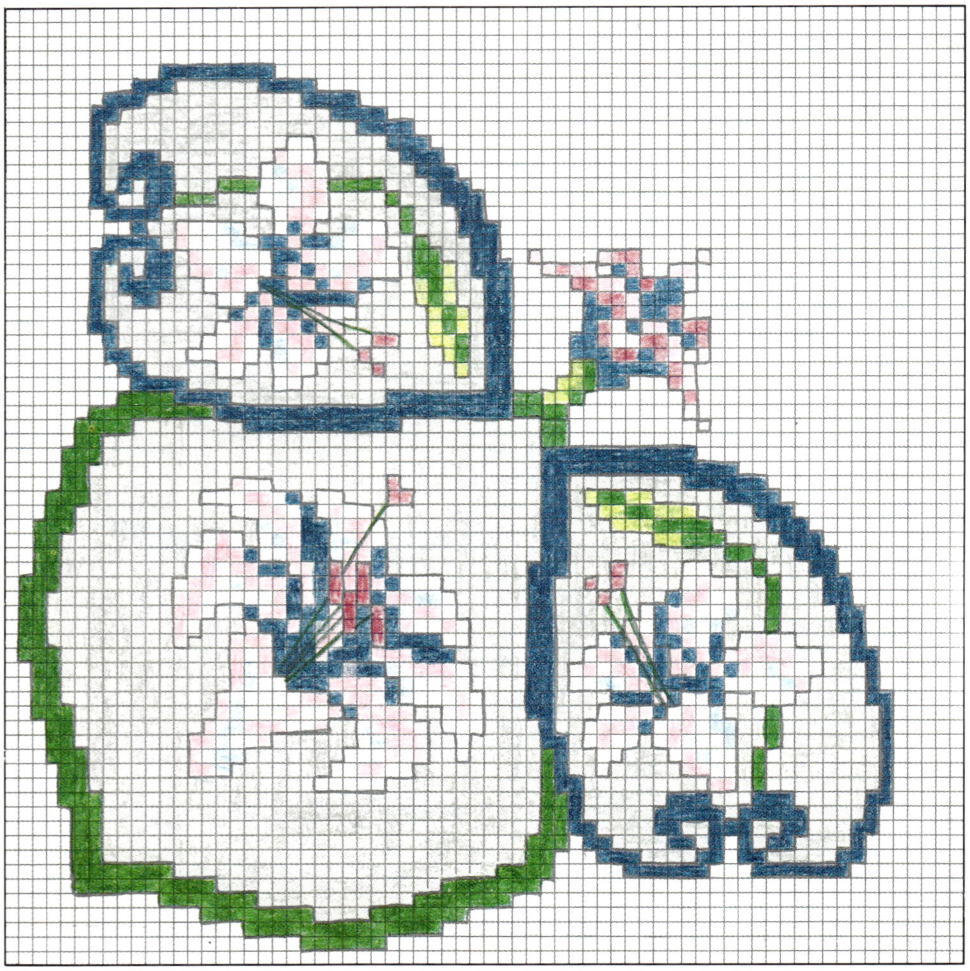

7

453
319
3348
336
3755
3689
3687

8

778	827	907
3687	824	986
453		

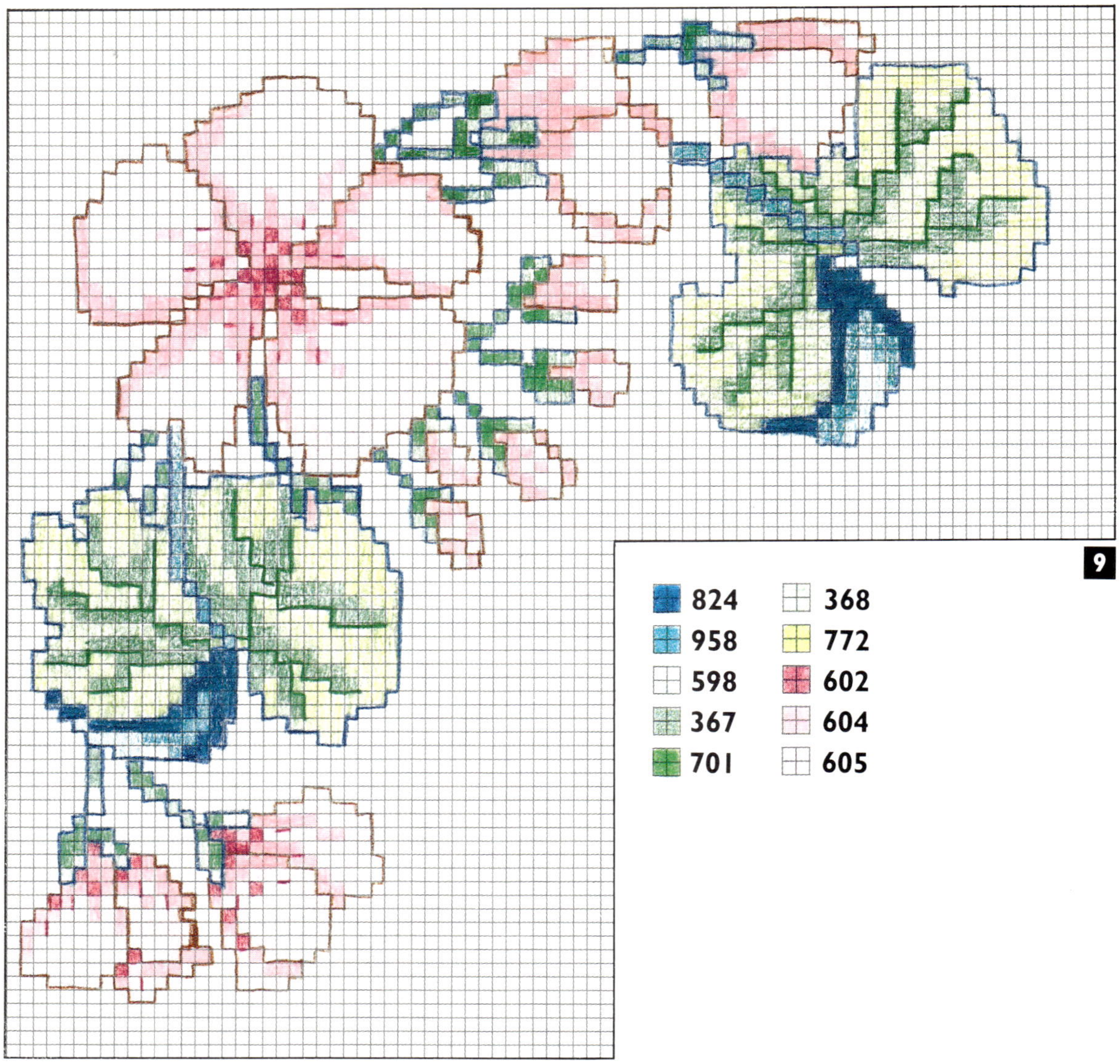

9

824	368
958	772
598	602
367	604
701	605

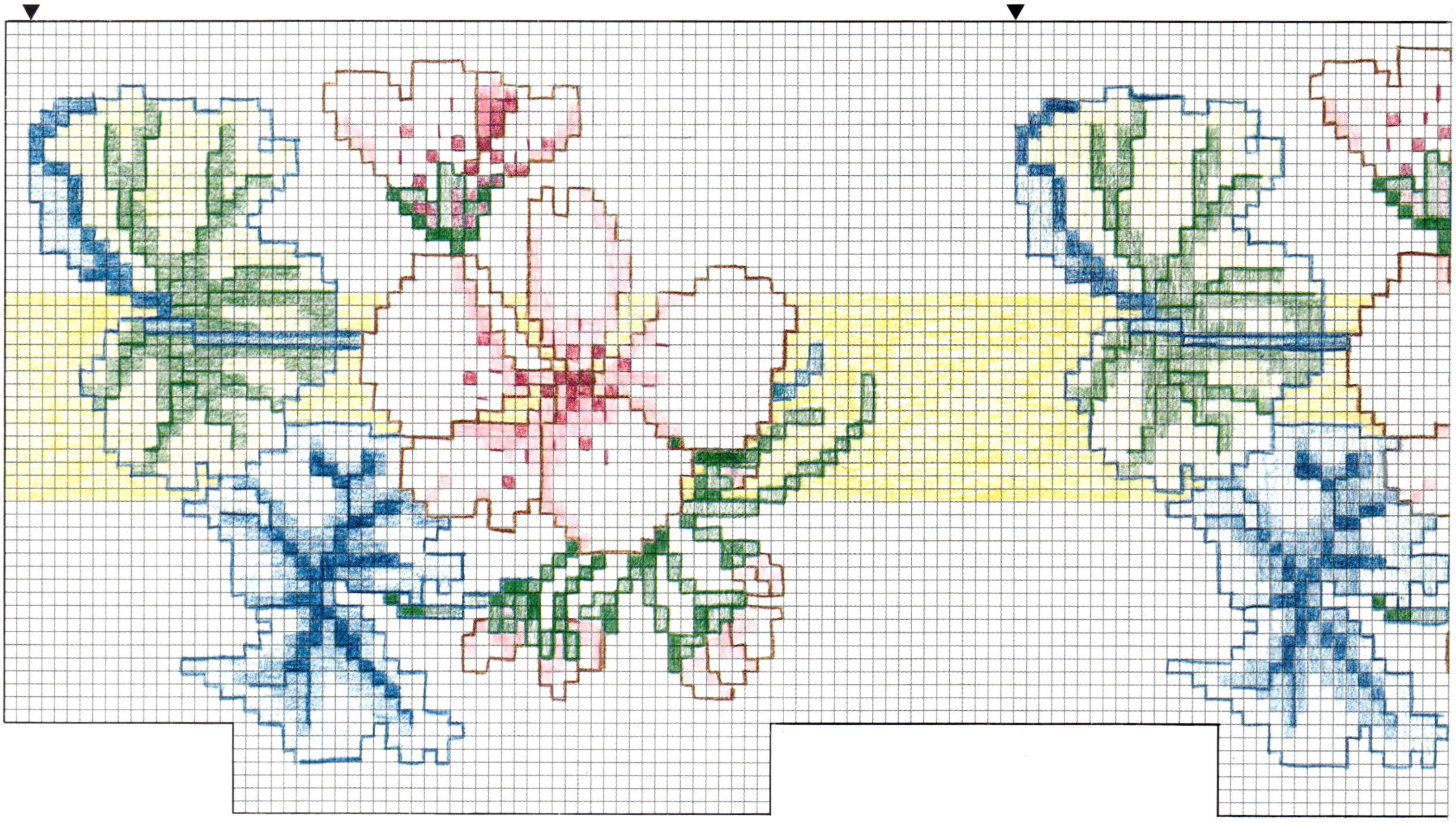

3689
3608
3607
552
742
745
3766
807
806
414
413
996

11

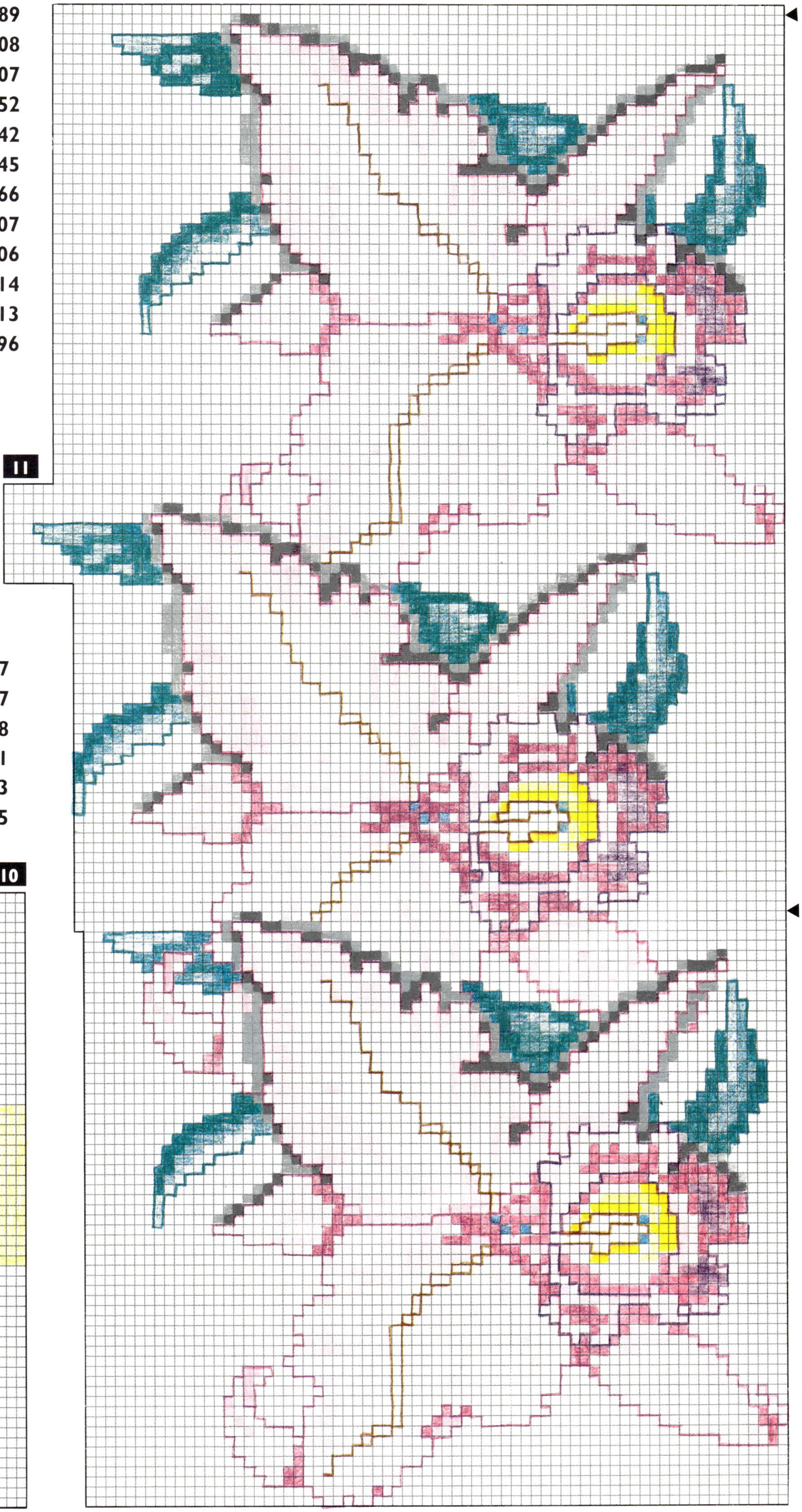

986	747
563	597
913	598
677	601
743	603
796	605
799	

10

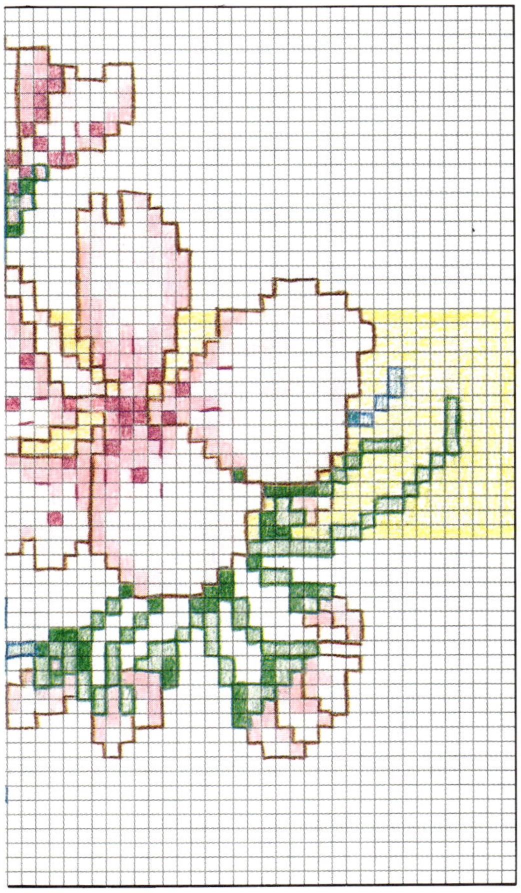

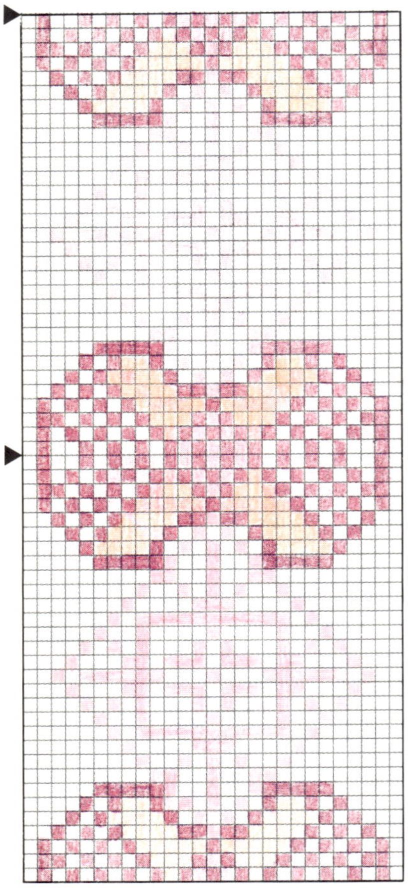

12

- **3607**
- **3608**
- **3609**
- **945**

666
727
726
725
783
780
3341
3340
946
3733
3731
601
351
603
554
552
550
209
208
211
3608
3607
3609
564
563
562
991
993
772
472
702
733
580
807
806
341
3746

13

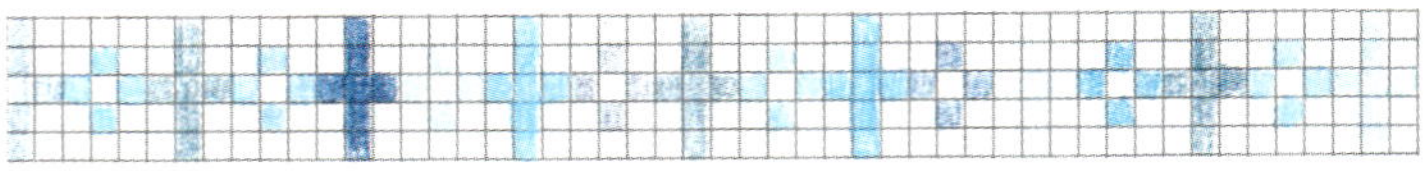

Alles in BLAU

Himmel und Meer: die endlosen Weiten, die uns umgeben, stillen den Unendlichkeitswunsch, den jeder von uns hat. Himmelblau wie ein zärtlicher Morgen oder Dunkelblau wie die Tiefen des Ozeans – aus dieser Farbe ziehen wir stets ein Gefühl der Frische, der Ruhe und der Ordnung, das nur in den dunkleren Tönungen so melancholisch werden kann wie die Noten eines Blues. Wenn wir es als Kleidung tragen, ist blau jung, sportlich, universal, wie die Jeans, aber es kann auch, z.B. bei formellen Anlässen, ernst, dunkel und sehr elegant wirken. Sogar adelig kann es sein. Übrigens, fließt nicht blaues Blut in den Adern der Aristokraten?

Neben dem Weiß gewinnt es ein besonderes Licht. Mit Gold kombiniert, gelangt es zu außerordentlicher Kostbarkeit. Aus diesem Grund ist das Blau in die Welt des Kunstgewerbes, wie Mosaik, Glas und Keramik, gekommen, wo es einen außergewöhnlichen Erfolg errungen hat. Das Porzellan der sogenannten "blauen Familie", das aus China nach Europa gebracht wurde, hat hier Begeisterung, Neid und Leidenschaft ausgelöst. Alle berühmten europäischen Manufakturen haben das Blau interpretiert und oft bevorzugt: die Holländer in Delft, die Dänen und Norweger in den königlichen Manufakturen, die Franzosen in Limoges, die Engländer – vor allem Wedgwood, und die Portugiesen in den Azulejos. Noch heute haben Tafelgeschirr und dekorative Gegenstände, wie feines Porzellan und volkstümliche Keramik, mit blauen Farben unbestrittenen Erfolg. Auch aus diesem Grund hat das Blau eine besondere Bedeutung für die Stickerei, die von der Tradition angeregt und nach und nach erneuert wird. Im Stadthaus sowie im Ferienhaus zeichnet das blaue Garn seine Muster auf das Weiß der Baumwolle und des Leinens und strahlt seine frische und unvergängliche Vitalität aus.

Vorhergehende Seite: ein echter Klassiker. Die perfekte Nachahmung des Keramikdekors mit der Einfachheit der Wiederholungsmotive, die stets gleichmäßig wiederkehren (so kann man eine Seite beliebig verlängern). Die Schönheit der Spiegelzeichnung schafft hier die Ecken, und beim Sticken des Musters erzeugt sie angenehme Symmetrien. Auf einer Tischdecke kann es die ganze Tischfläche bedecken. Auf einem Tischset kann es eine Seite kolorieren, auf einem Vorhang nur den Saum schmücken. Die Krönung der Finesse wäre es, mit Kreuzstich den ganzen Bordürenabschluß zu verzieren: eine einfache Arbeit, da die Hin- und Rückstich-Reihen ohne Probleme und sehr schnell laufen.

Linke Seite: *Sampler* bedeuten die Rückkehr zur Tradition, aber auch Aktualität. Tausende von Farbtönen des Blau betonen den Glanz einer makellosen Ausarbeitung. Die Kreuzchen schaffen Licht- und Schattenstreifen und rahmen den *Sampler* wie ein wunderbares Wandpaneel ein. Ein Bild, das keinen Rahmen braucht (vgl. S. 44-45).

Oben: Das Bordürenmuster wiederholt und spiegelt sich, umrahmt das Bild mit blauen Schwalben. Nur wenige Farbtöne, eine Zeichnung, die, wenn man dieselben Motive auf der gleichen Grundlinie wiederholt, sehr gerade wird. Wenn der Rahmen zu dünn scheint, kann man ihn verdoppeln, indem man das Spiegelmuster nach außen hin wiederholt (vgl. S. 36 u. 40).

Linke Seite: Das traditionelle Aufeinanderfolgen von kleinen Blumen läßt Bordüren für viele Verwendungen entstehen. Sie machen sich sehr gut an Rahmen, auf dem Aufschlag eines Bettuches oder auf mehreren farbigen Kissen, um ein weißes Bett farblich kreativ aufzufrischen. Hier finden wir auch den sogenannten Flächen-Effekt. Man stickt erst die Blumen und füllt dann, absolut gleichmäßig, den Rest der Fläche wie eine Stoffstruktur auf. Wählt man sanfte Kontrastfarben, wie z.B. rosa und blau, für die graphischen Hervorhebungen, wird das Endergebnis schöner, vollständiger und sehr raffiniert. (vgl. S. 20)

Oben: In vielen Familien kommt die Vorliebe für Küchen-Anrichten aus früheren Zeiten und damit auch für die passenden Bordüren zurück. Diese können für jede Fachebene unterschiedlich sein und so mit den Farben und den klassischen Mustern des blauen Porzellans spielen.

Und jetzt ein kleines Geheimnis: Wie kann man das Bordürenmuster an den Ecken verändern? Es genügt, einen Spiegel auf die Eckdiagonale zu setzen, der so ausgerichtet ist, daß er das bereits ausgeführte Muster widerspiegelt. In ihm kann man dann "die Ergänzung" der Ecke sehen und diese ausführen.

Links: Es könnte ein Tablett aus feinstem Porzellan mit blauem Dekor sein. Hier die Idee für einen schönen Tischaufsatz, der mit Accessoires im selben Farbton umgeben sein könnte. Wer lieber einen kleineren Leinenstreifen bearbeiten will, kann ihn in der Größe seines Lieblingstabletts anfertigen. Das Tablett, das jeden Tag das Frühstück bringt, wird eleganter und freundlicher, um den Tag noch besser beginnen zu können (vgl. S. 46-47).

Oben: Eine echte Besonderheit ist die kleine Blume in der Mitte des "Tabletts" auf dem Foto gegenüber. Dort, auf blau-grauem Grund mit weißen Punkten, wirkt sie wie ein Medaillon. Hier, auf der Bordüre mit Schußfaden Aida, die gefaltet und als Beutel genäht wird, sieht sie auf dem weißen Hintergrund wie ein lebhaftes Dekor der zwanziger Jahre aus.
Wichtig: auf einem Aida-Stoff mit 72 Kästchen pro 10 cm wird die Blume 4,5 x 6 cm groß, auf einem Aida-Stoff mit 44 Kästchen dagegen, wird sie 7,5 x 9 cm.

Rechte Seite: ein wichtiges Motiv, die Pfingstrose. Wenn sie allein einen Stuhl oder einen Schemel ziert, erlangt sie ihre größte Wirkung. Überprüfen wir die Maße: die Blume allein ohne Blätter benötigt 76 x 78 Kästchen, d.h.: auf Aida-Stoff mit 44 Kästchen erreicht sie eine Größe von ca. 17 x 18 cm. Um ein gutes Ergebnis zu erzielen, ist es äußerst wichtig, die Zeichnung genau in die Mitte des Tuches zu sticken. Man sollte auf dem Schema zuerst die Diagonalen mit einem Bleistift aufzeichnen und sie gleichzeitig auf den Tisch heften. Danach beginnt man die Stickerei von der Mitte aus.

Oben: Die große Blume, nuanciert in all den zartesten Farbtönen des Himmelblau, ist eine sanfte Pfingstrose, hier in blau dargestellt, um die Farben der Wolken wiederzugeben. Für eine wirklich außergewöhnliche Tischdecke reichen eine Blume für jede Ecke der Tischfläche und ein Struktureffekt, den man durch das einfache Spiel kleiner und regelmäßiger "Stangen" erreicht, die den ganzen Tischsturz verzieren. Man kann aber auch zwei Blumen in die Tischmitte setzen und die gesamte Oberfläche mit Struktureffekten besticken.

Alles in blau

DIE ZEICHNUNGEN

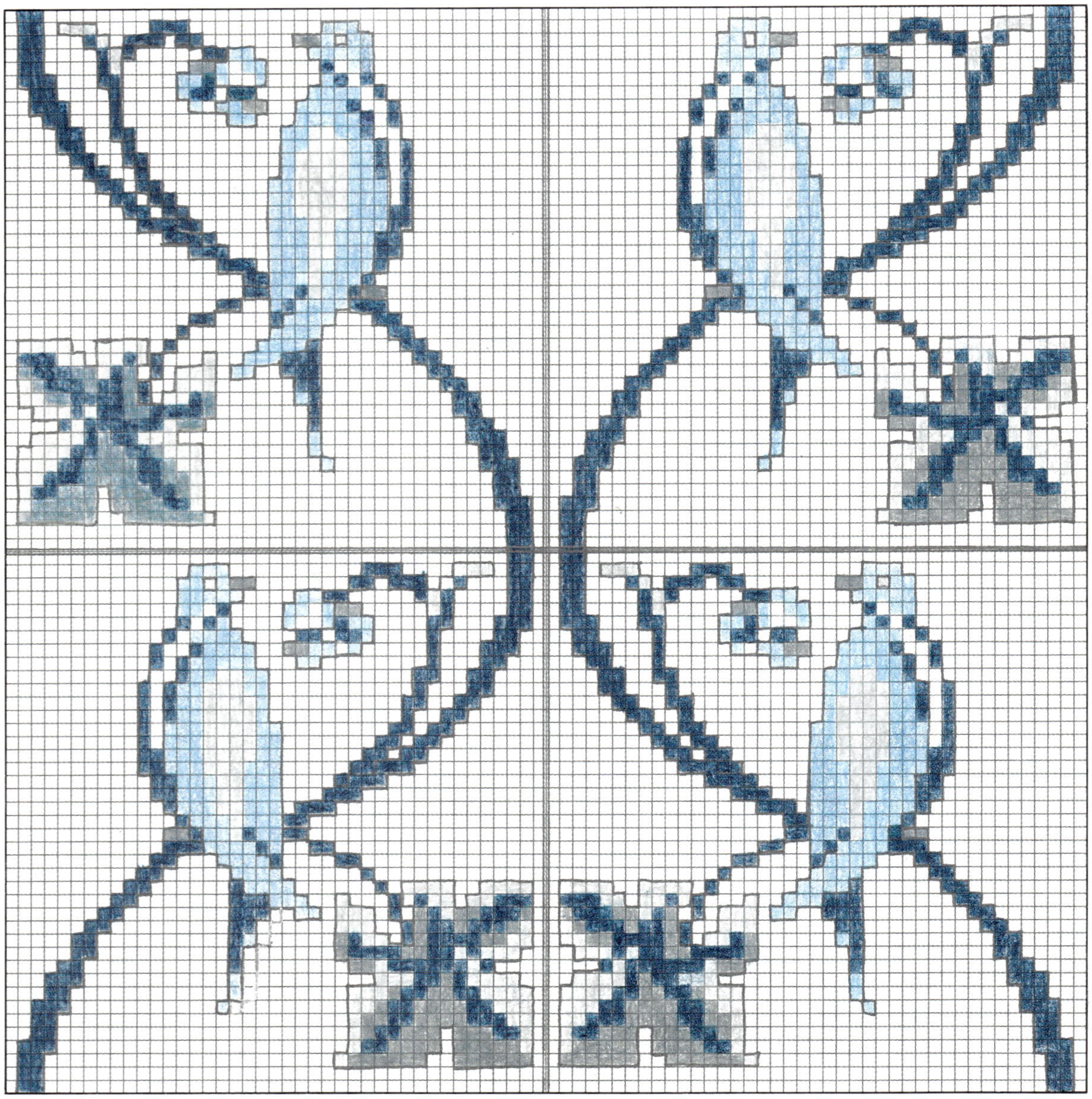

931
932
3752
311
334

14

823
3766
341
807
797

15

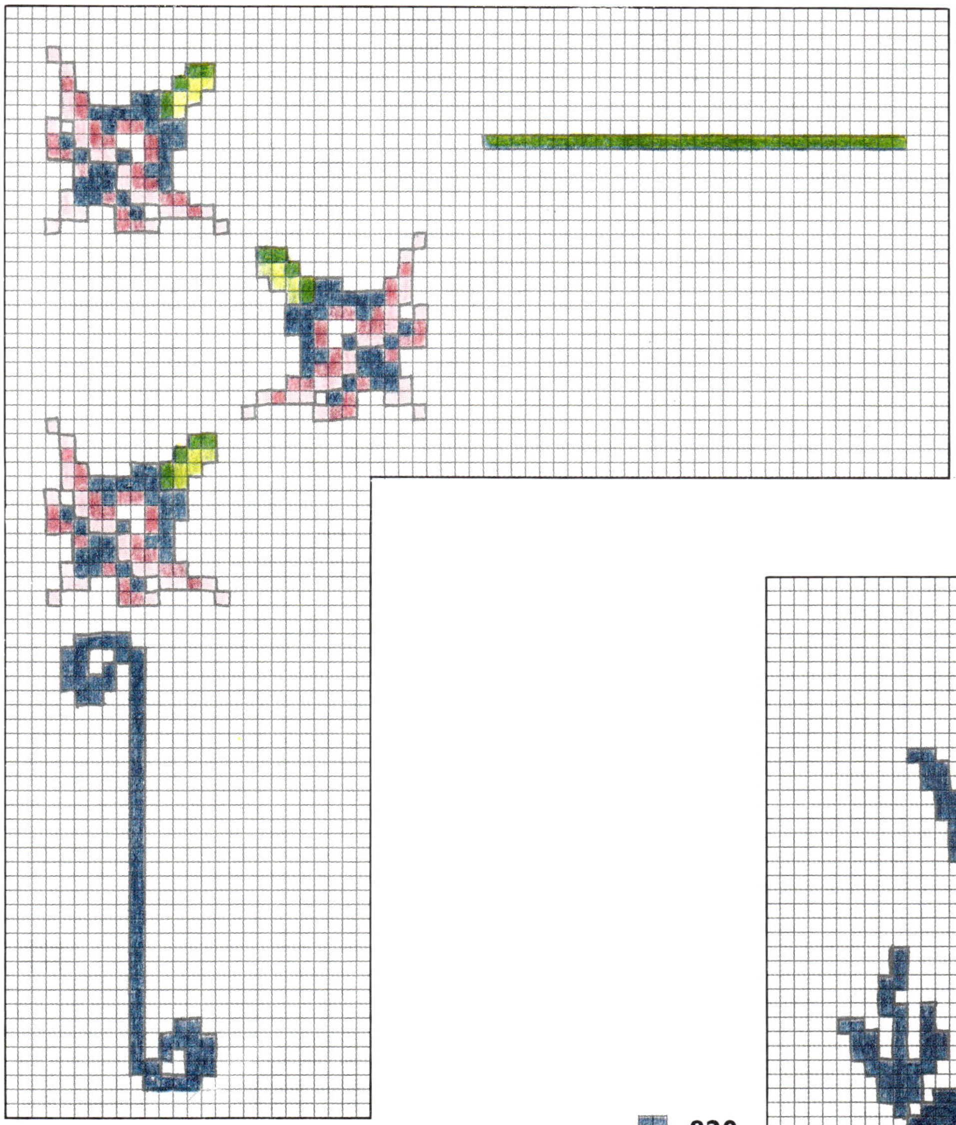

16

336
3687
3689
3346
3348

17

18

3750
932
794
792

19

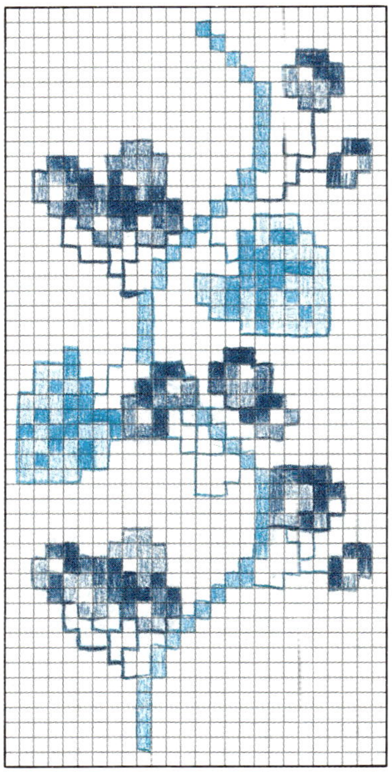

3760
930
825
517

21

517
826
414
318
797
747

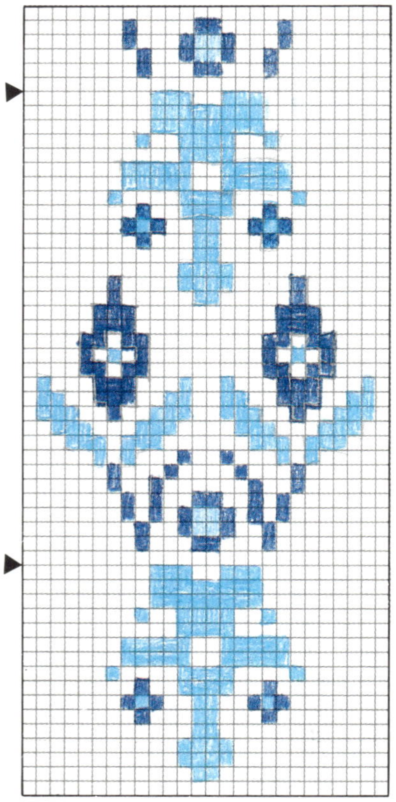

20

797
996

22

■	797	□	775
■	3760	□	3756
■	3325		

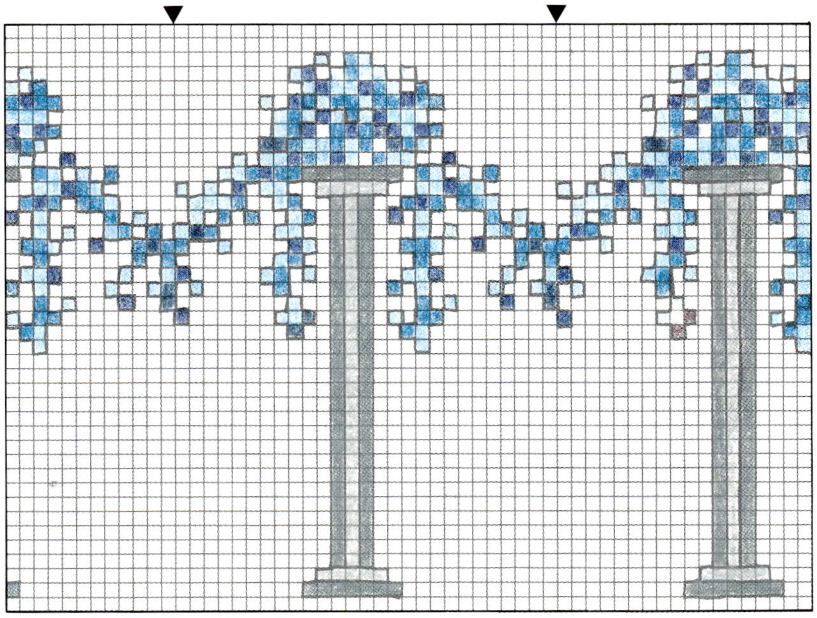

23

■	318
□	762
■	3750
■	791
■	517
■	519

- 907
- 702
- 700
- 561
- 734
- 402
- 400
- 799
- 796
- 550

24

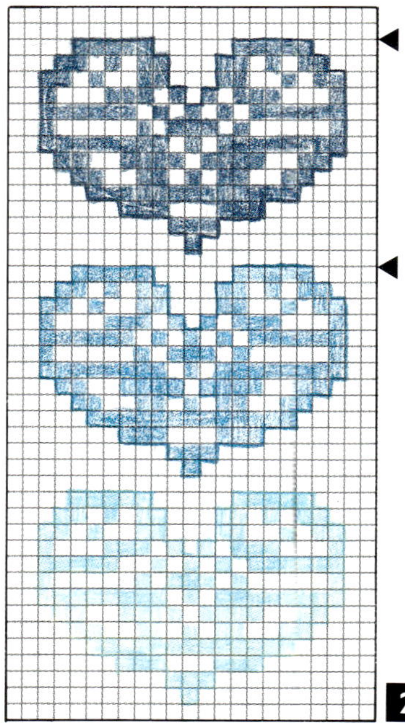

- 930
- 826
- 813

25

- 796
- 3755

26

27

3765
791
794
931
932

28

930

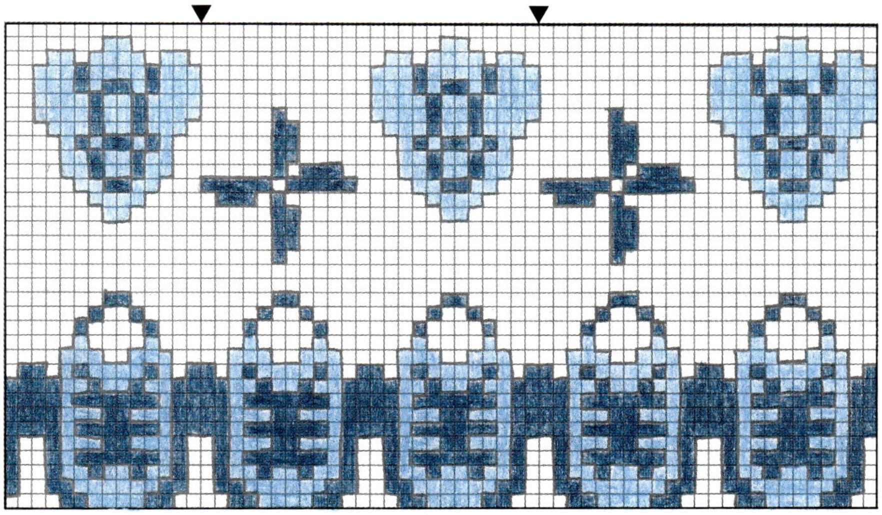

29

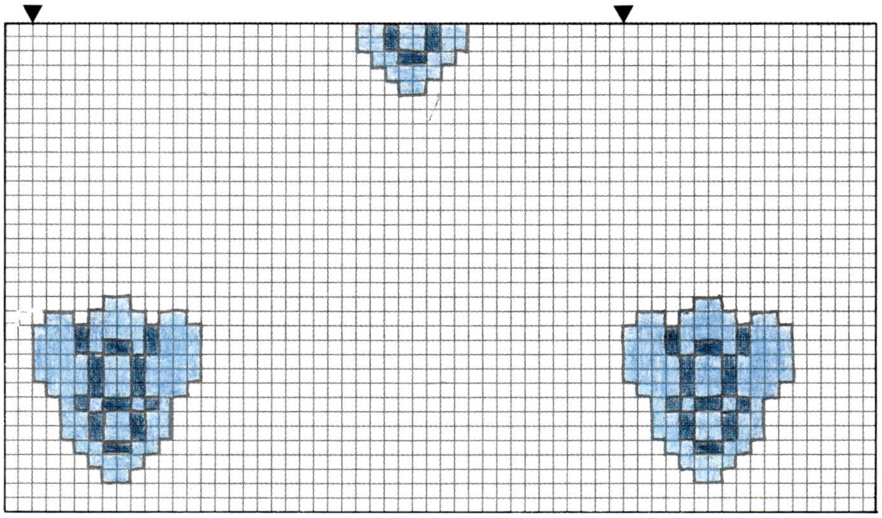

312
3755

30

31

312
3753

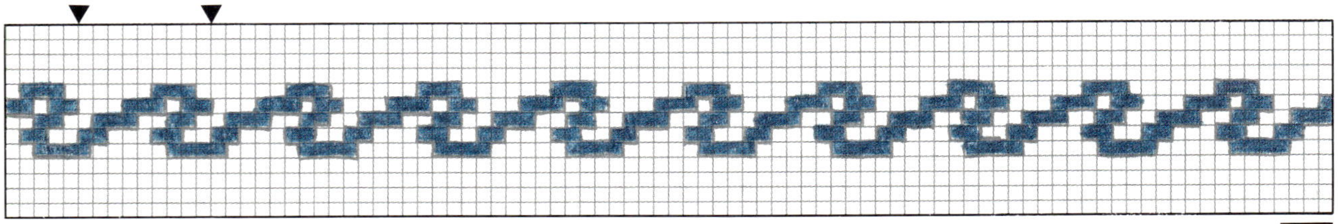

32

823

813
824

33

311
422

34

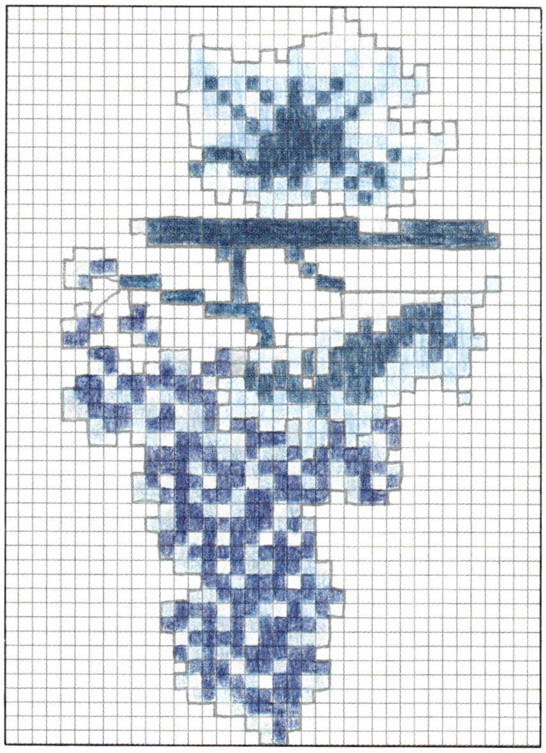

930
809
weiß
798
415

35

311
825
813
932

36

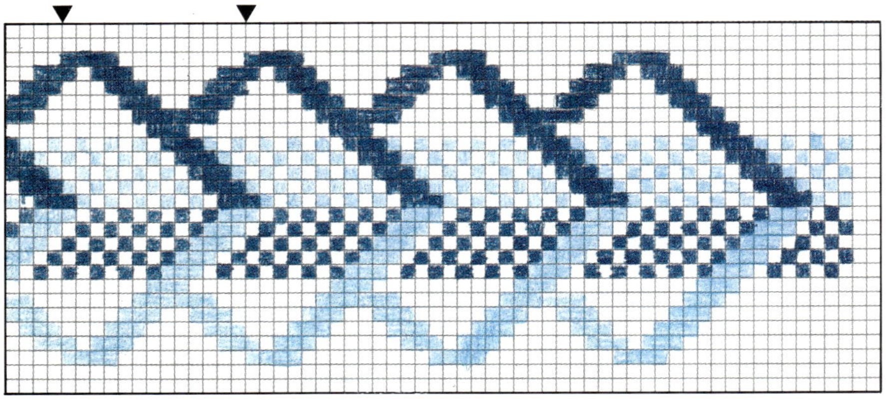

37

311
334
3325

38

336
415
472
760

336
469
472
3328
760
762

39

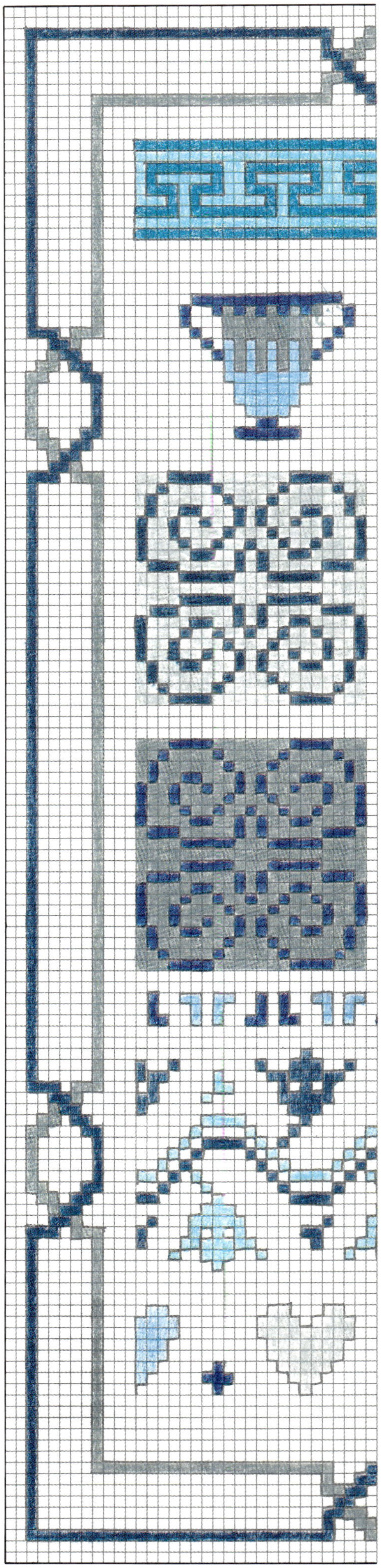

	798
	3765
	807
	824
	826
	762
	414

41

- 762
- 799
- 318
- 796
- 312

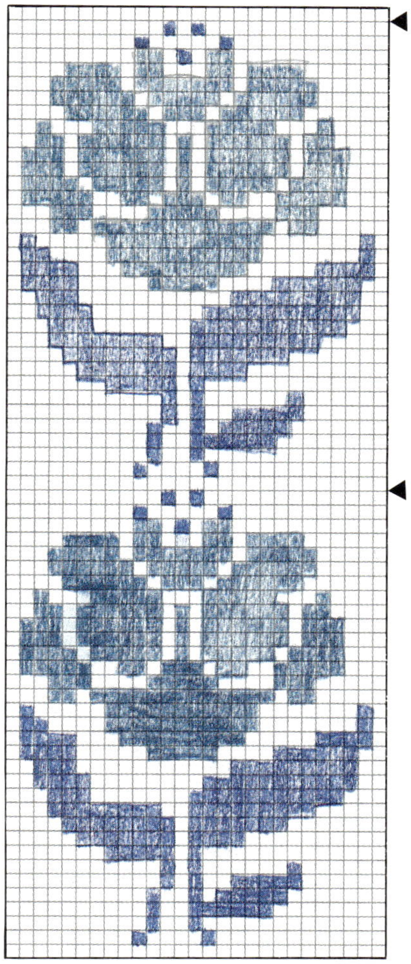

42

- 791
- 793
- 930

Alles in VIOLETT

Rot und blau: Bekanntlich ziehen sich Gegensätze an, und wenn diese beiden sich treffen, schenken sie einem zärtlichen Lila oder einem hinreißenden Purpurrot das Leben. Die Psychologen sagen, daß das Violett Innerlichkeit, Spiritualität und tiefe Gefühle in sich trägt. Aber auch Kraft, Mysterium und Leidenschaft, wie die katholische Symbolik zeigt. Purpur, die Farbe der Sensibilität, der Macht, der Pracht und des Luxus, war die berühmteste und begehrteste des Altertums. War sie eher rot oder eher blau? Wir werden es nie erfahren, da die Purpurschnecke, aus der man die Farbe gewann, ausgestorben ist.

Mit der Erfindung der künstlichen Farben wurde violett mit all seinen Nuancen wieder aktuell: die Franzosen führten es in der Mode unter den Namem *mauve* ein, und auch im Viktorianischen England hatte es gewaltigen Erfolg. Dann kam ein neues Färbemittel, das nach der Blume Fuchsie benannt wurde. Sehr lebhaft, genau in der Mitte zwischen blau und rot, ist es auch als *magenta* bekannt, wie jene Schlacht, welche im Jahr 1859 die Piemontesen und Franzosen gegen die Österreicher gewannen, nur wenige Tage vor der offiziellen Vorstellung der "neuen" Farbe.

In der Natur kommt violett häufig vor: sowohl im Mineralreich, wo der Amethyst mit seinen violetten Tönen glänzt, als auch – und vor allem – bei den Pflanzen. Besonders aus dem Reich der Blumen stammen die Namen für die verschiedenen Nuancen des Violett: Glyzinie, Lavendel, Lila, Malve, Fuchsie, Veilchen, Stiefmütterchen und vor allem die Iris oder Schwertlilie. Diese auffällige Blume, die in vielen Gärten wächst, ist sehr bildhaft und "künstlerisch": van Gogh hat sie blendend wiedergegeben. Und hier ist sie, gestickt in großen Büschen, um eine Farbe besonders zu idealisieren, welche im Haus recht ungewöhnlich und aus diesem Grund modern und interessant ist.

Vorhergehende Seite: die Ecke eines Gartens, exakt nach der Natur gemalt. Die Nachbildung wurde dank der Kunstfertigkeit des Malers und der Stickerin vollbracht. Die bezaubernden Nuancen des Violett und des Lila sind hier, fast wie in einem pointilistischen Bild, eingefangen. Die verschiedenen Grüntöne der Blätter sind kunstgerecht mit der Farbe der Blumen und mit dem goldenen Hintergrund verbunden. Hieraus wird ein Wandpaneel, ein Kissen, eine Tasche oder eine spanische Wand. Je leichter der Stoff ist, desto zierlicher wird das Muster; je schwerer, desto hervorgehobener. Auf Aida-Stoff mit 72 Kästchen benutzt man das Mouliné mit nur einem Faden, auf dem mit 55 Kästchen benötigt man 2 Fäden.

Oben: eine "Knollen-Geschichte". Aus der kleinen Knospe, die zwischen die großen Blätter gedrängt ist, entsteht die hervorbrechende Blütenkrone. Die unglaublich samtige Farbe der echten Blumen spiegelt sich in den Tönen derjenigen wider, die gemalt oder gestickt sind. Eine Stickerei, um das Zuhause mit Originalität und Lebensfreude einzurichten.

Rechte Seite: Die Schwertlilien bilden hier eine doppelte Reihe. Sie verwandeln die Tischdecke oder das Band – auf einer weißen Tischdecke dekorativ in die Mitte des Tisches gelegt – in einen Garten. Diese Bänder werden immer öfter verwendet, weil sie es erlauben, die Dekoration des Tisches zu verändern, die Farben zu variieren, und neue Variationen zu entdecken. Man sollte die Stickerei genau planen, bevor man mit der Arbeit beginnt, um die Zeichnung zu zentrieren und um berechnen zu können, wohin man die Säume setzen will. Auf diese Weise erhält man nach Abschluß der Arbeit die gewünschten Maße.

Noch eine Iris-Geschichte. Eine Geschichte, die mit Hilfe eines Aida-Bandes in eine Bordüre verwandelt wird. Man kann solche Bänder schon vorbereitet kaufen, fertig zum Besticken, die auf Bettücher, Tischdecken und Handtücher gelegt werden können. Die Zeichnung paßt genau zur Anzahl der Kästchen des Bandes, die man besticken will. Deshalb Vorsicht: wenn man mit der Stickerei anfängt, muß man alles mit großer Genauigkeit berechnen. Die Kästchen des Schemas müssen gezählt werden, wobei oben und unten jeweils die nötigen Abstände freibleiben.

Alles in violett

DIE ZEICHNUNGEN

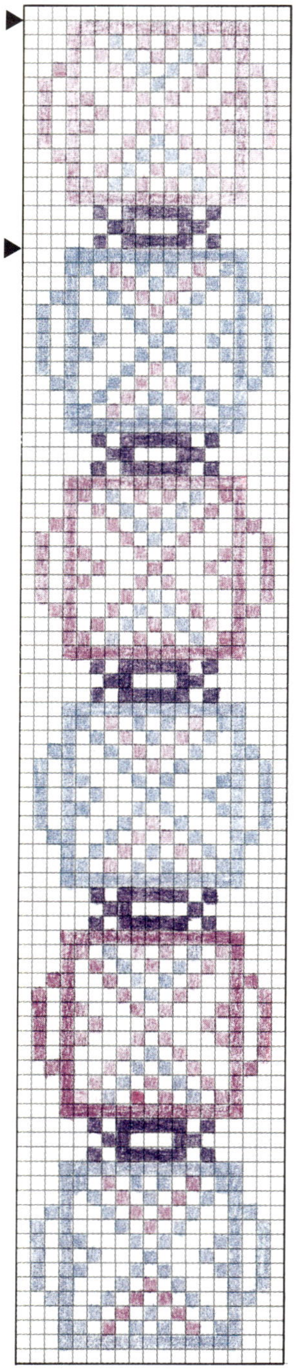

- 3746
- 3607
- 550

43

- 699
- 701
- 704
- 3348
- 3781
- 917
- 3607
- 3609
- 891
- 3716

44

45

718	909
3608	912
3609	3781

335	3012
309	3011
899	564
3609	912
3607	3348
341	3347
340	991
333	783
3013	725

47

743	550
721	701
554	699
917	

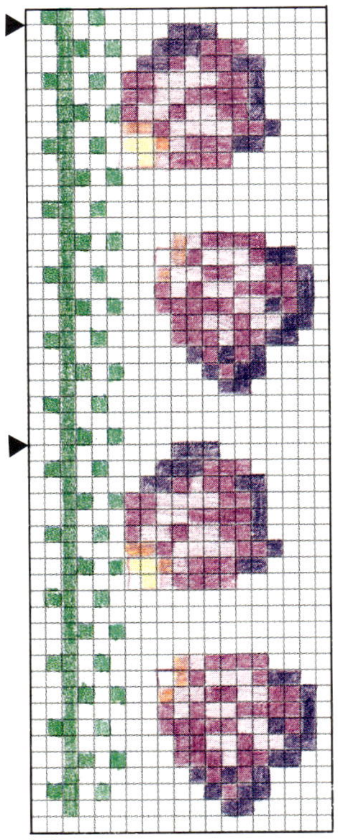

46

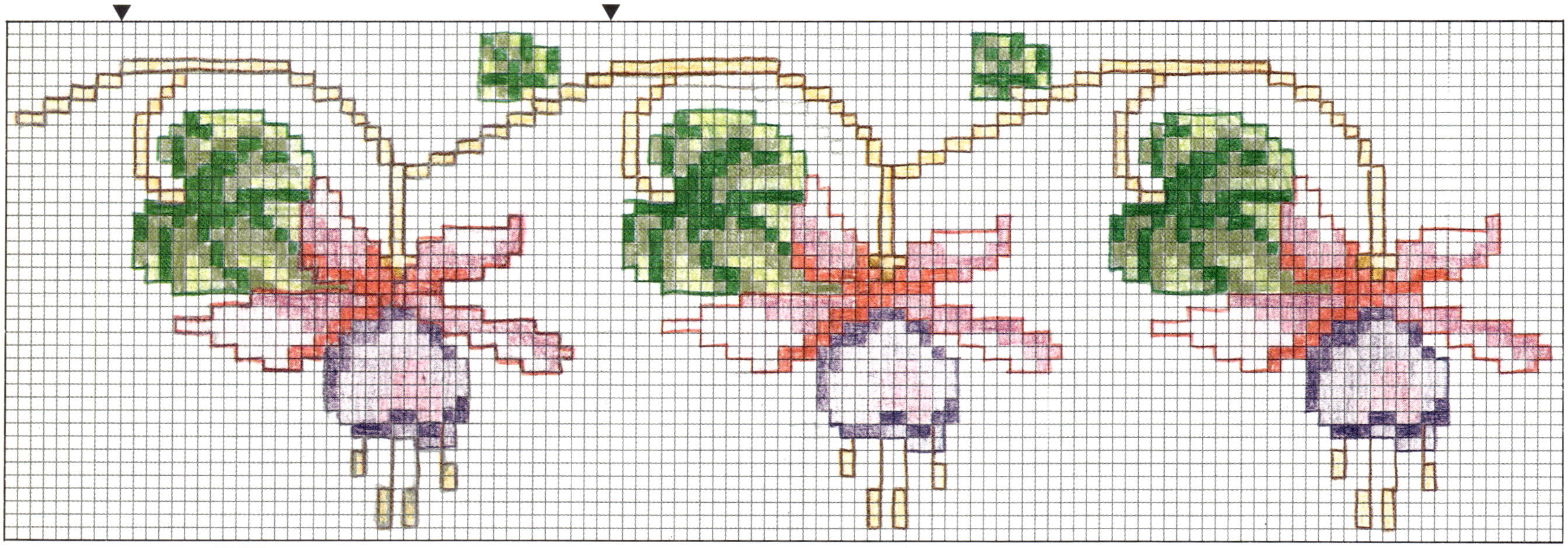

48

734	209
581	208
910	3689
402	601
605	891

49

	210	3348
	208	3347
781	3609	372
726	3607	370
211	891	895

50

915
718

51

986
907
776
327
718

52

210
208
3609
3608
718
333
564
562
561

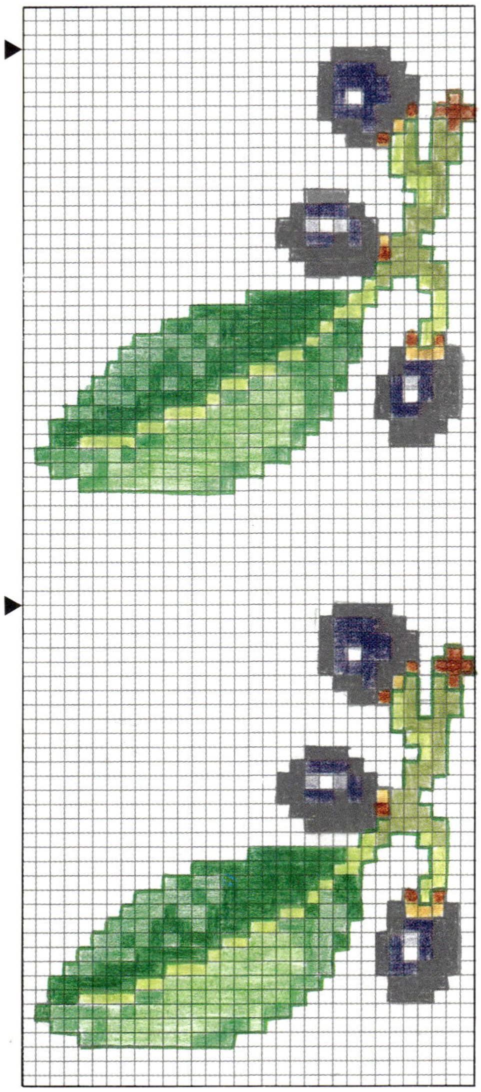

53

699	402
702	3776
704	550
580	554
733	3799

54

500	333
502	553
504	211
732	3607
733	3609
734	921
704	722
907	676
891	921
893	743
894	

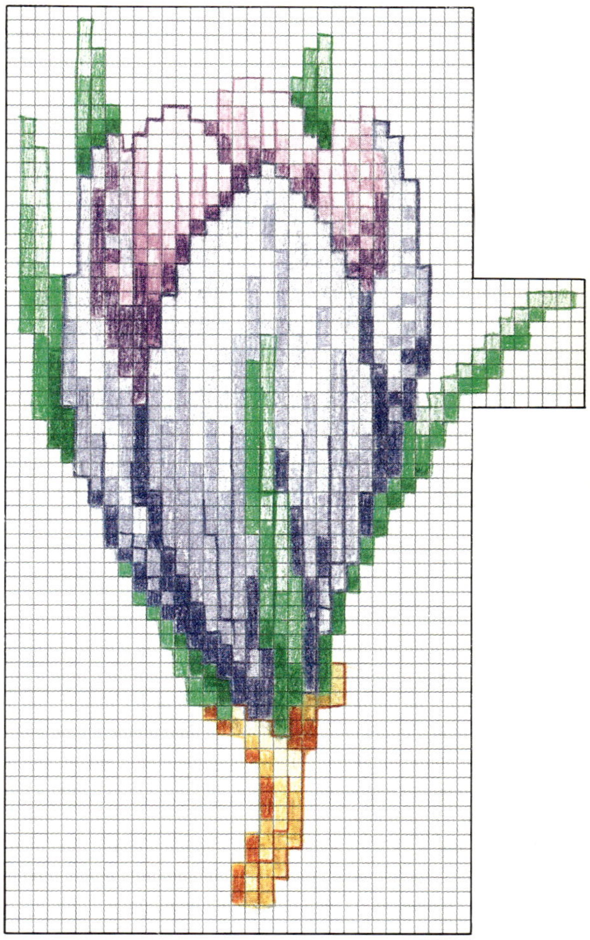

55

561	341
909	400
910	301
955	3776
333	402
3746	
554	
552	
550	

Alles in GELB

Lassen Sie sich von dieser Farbe verführen. Genießen Sie das Gelb, es ist so hell, so schön, so sonnig. Keine andere Farbe fällt tagsüber so sehr auf, wie das Gelb. Es paßt sehr gut zum gedeckten Tisch, wenn es die Farbe der Mimose und der Jonquille stiehlt. Mühelos zieht es die Aufmerksamkeit auf sich, wenn es so sauer wird wie die Schale der Zitrone oder der Grapefruit. Wenn es verblaßt und wie Altgold aussieht, paßt es ausgezeichnet zu gewachstem Holz.
Im Fernen Osten war es die Farbe des Kaisers, die Untertanen durften es nicht benutzen. Bei den Buddhisten steht das Gelb für die Harmonie des Lebens. Es ist die Farbe des Lichts, deshalb ist es so freudig und siegreich.
Lassen Sie sich von seiner Helligkeit überzeugen: es ist die einzige Farbe, die immer relativ hell bleibt, auch wenn sie nicht mehr hell ist. Es wirkt dann nicht mehr wie gelb, sondern wie ockergelb, braun oder grün. Und wie zeigt sich gelb in der Natur? In Safran und Banane, Eigelb und Weizen, Hahnenfuß und Sonnenblume, den Federn des Kanarienvogels und den Augen einer Katze. Vor allem aber im Gold, dem irdischen Maß des Reichtums, dem höchsten Zeichen des Ruhmes, der Macht, des Triumphs.
Im Garten zeigt sich vor allem der Frühling in gelb: Affodill, Krokusse, Primeln, Freesien, sogar die jungen Blätter haben gelb-grüne Nuancen. In der Küche ist gelb die Farbe der Verlockung, diejenige, so sagen die Psychologen, welche die köstlichsten Assoziationen hervorruft und uns sofort an den Tisch und den Genuß des Essens denken läßt.
Sticken Sie Ihre eigene Sonnen- und Lebenslust in gelb: Sie werden sie Stich für Stich wachsen sehen.

Vorhergehende Seite: Das Licht der Farbe gelb legt sich mit einer zarten Zickzackbewegung aus Narzissen auf den weißen Aida-Stoff. Das Ergebnis ist sonnig und... ansteckend, weil man es auf alles mögliche sticken kann: auf den Tischdeckensturz, die Seite eines Tischsets, auf das Bettuch oder einen kleinen Vorhang, auf die Schürze, wirklich überall hin. Einfach ist es auch, die Ecken, wenn nötig, zu bearbeiten. Entweder stellt man einen Spiegel auf die Diagonale oder man unterbricht die Stickerei nach der letzten Blume und nimmt sie auf der anderen Seite wieder auf. In der Ecke genügt ein kleines Motiv, z.B. eine Raute oder ein Stern (vgl. S. 68).

Oben: Ein Band, eine Blumenranke, und fertig ist die Tischdecke. Das Band rollt sich mit artigen und wechselnden Luftwindungen um eine Ranke aus kleinen Beeren. Man kann dieses Motiv auf die Ecken der Tischfläche einer Tischdecke sticken oder auf den Sturz. An den Seiten genügen einige Teile des Motivs, die sich mit leeren oder mit durch kleine Beeren gepunkteten Zonen abwechseln. Besser wäre es, die möglichen verstreuten Motive von Anfang an durch Aufheften zu markieren, um zu dichte oder zu leere Bereiche zu vermeiden (vgl. S. 69).

Oben: Der vergrößerte Ausschnitt des auf Seite 65 abgebildeten *Samplers* zeigt genau jede Farbnuance und bringt das hübsche Alphabet "mit Beeren" ans Licht. Auch die Kreuzchen sind ohne Schwierigkeiten, eins nach dem anderen, zu zählen, damit Sie erkennen können, wie Ihre Stickerei entsteht.

Rechte Seite: ein Sommerfest mit bunten Körben, reifen Pfirsichen und Birnen, mit von Beeren verzierten Buchstaben und bunten Bonsais. Ein *Sampler* zum Nachsticken und Einrahmen, um eine ansonsten kahle Wand zu schmücken. Normalerweise fängt man die Stickerei von einer der senkrechten Seiten (der linken) an und arbeitet nach rechts und nach unten weiter (vgl. S. 72-73).

Linke Seite: Das Hauptmotiv sind noch einmal Früchte. In Körben und Körbchen, nebeneinander oder alle in einer Reihe: Feigen, Trauben, Orangen, Bananen und Kirschen. Sie sind alle fein nuanciert und naturgetreu gestickt und bilden ein Paneel, in dessen kleinen Feldern Kalenderblätter oder Rezepte der Woche Platz fänden. Es paßt perfekt an die Küchenwand, z.B. auf ein rechteckiges Sperrholzbrett gespannt und eventuell etwas wattiert. Um die Blätter anzukleben, genügt ein Tesastreifen.

Oben: Schauen wir uns die Körbe aus der Nähe an: mehrere Halme verschiedener Art verflechten sich und bilden die Körbe. Jeder ist mit anderen Früchten gefüllt, immer in naturgetreuen Farben gestickt. Auch die Früchte, die den Rahmen bilden, lohnen ein näheres Hinsehen. Man kann sie selbstverständlich in die Mitte einer Tischdecke oder auf den Rand eines Vorhanges sticken. Dort werden sie mit Sicherheit Bewunderung ernten.

Alles in gelb

DIE ZEICHNUNGEN

56

727	562
725	910
742	563
783	702
564	733

57

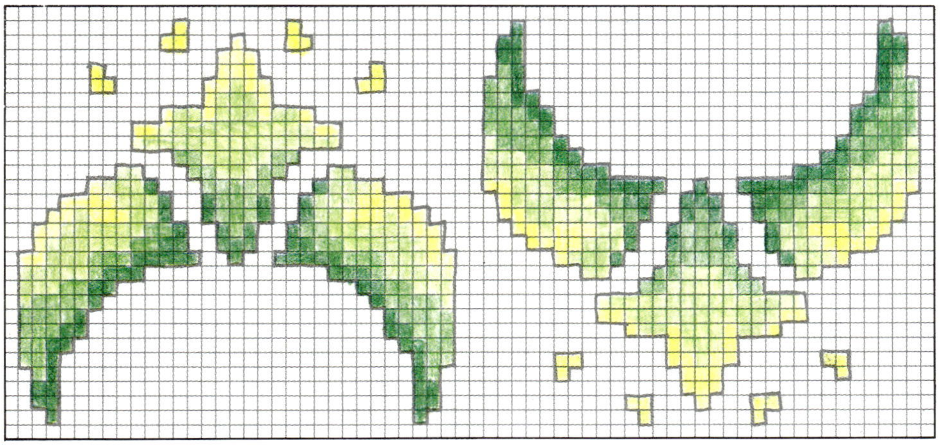

909
701
907
727

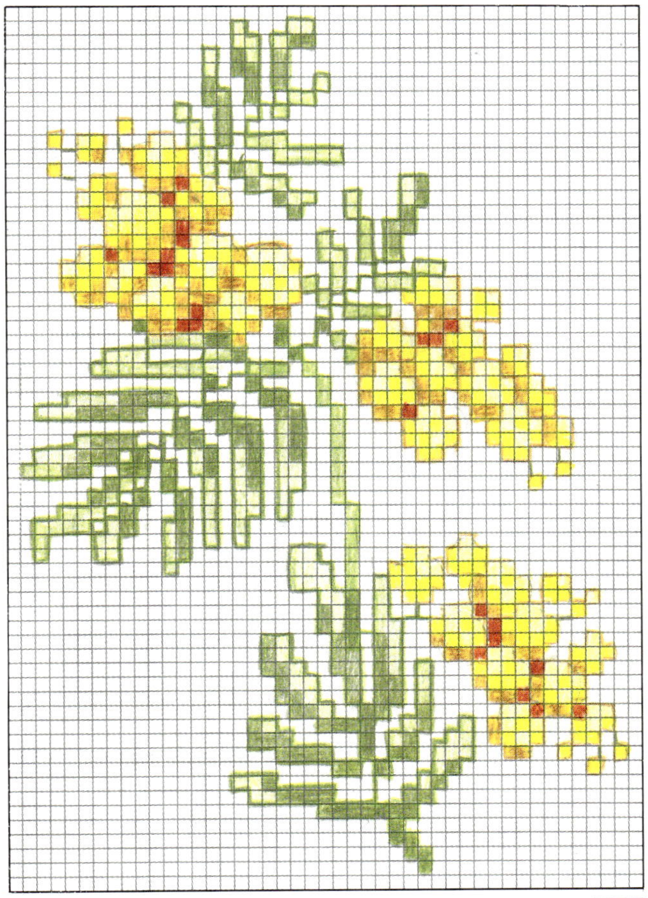

58

469	977
470	742
472	307
900	

445	907	3746
972	702	3747
783	699	796
300	909	3031

59

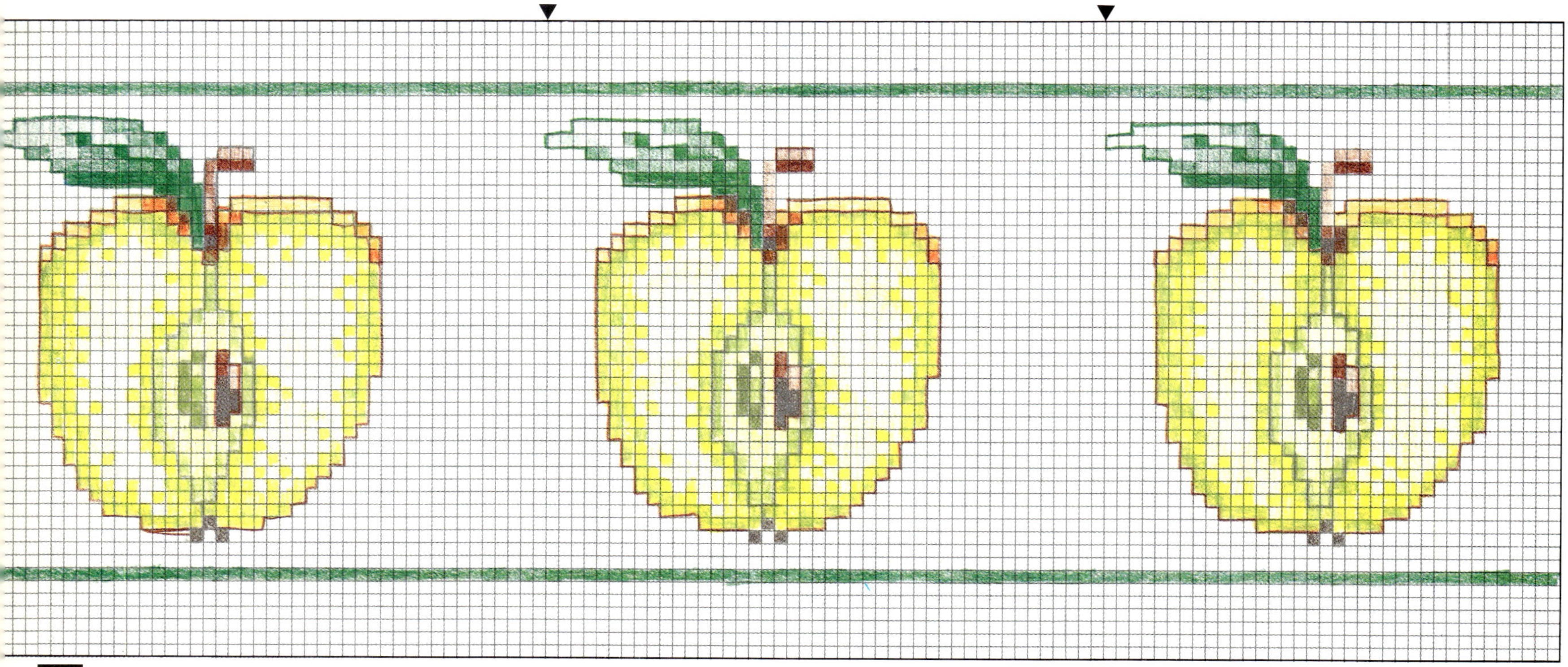

60

504	501	3078	470	725	407	300
503	746	472	937	920	400	

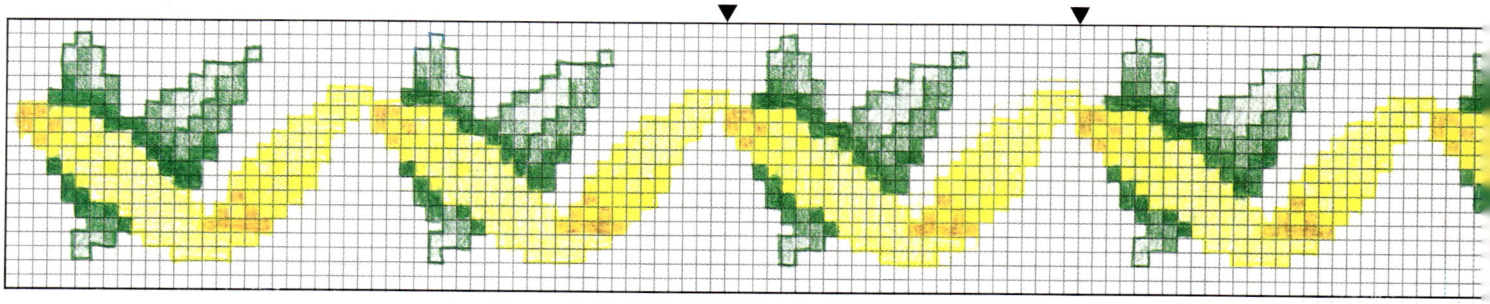

61

445	680	992
444	564	991

839
367
906
907
718
445
307
973

62

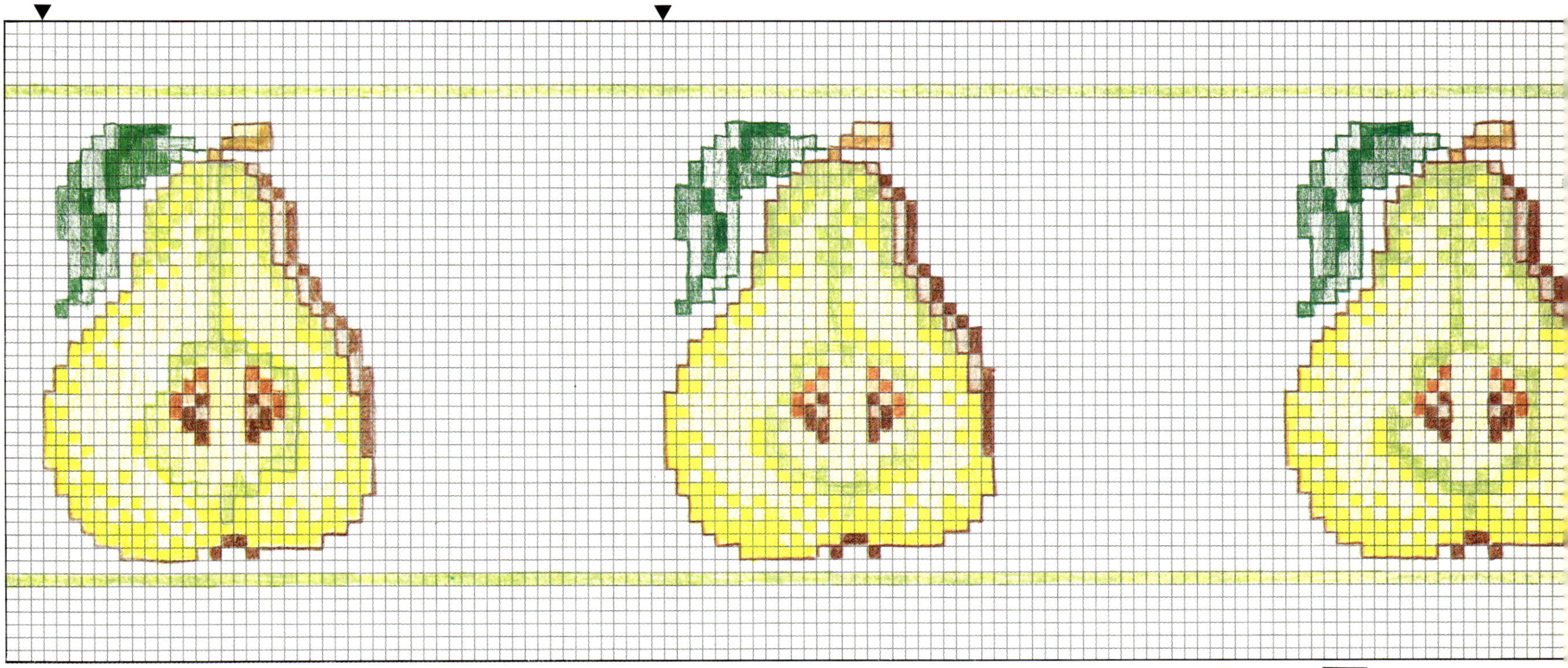

63

3078
973
581
503
992
561
676
680
3778
920
3777

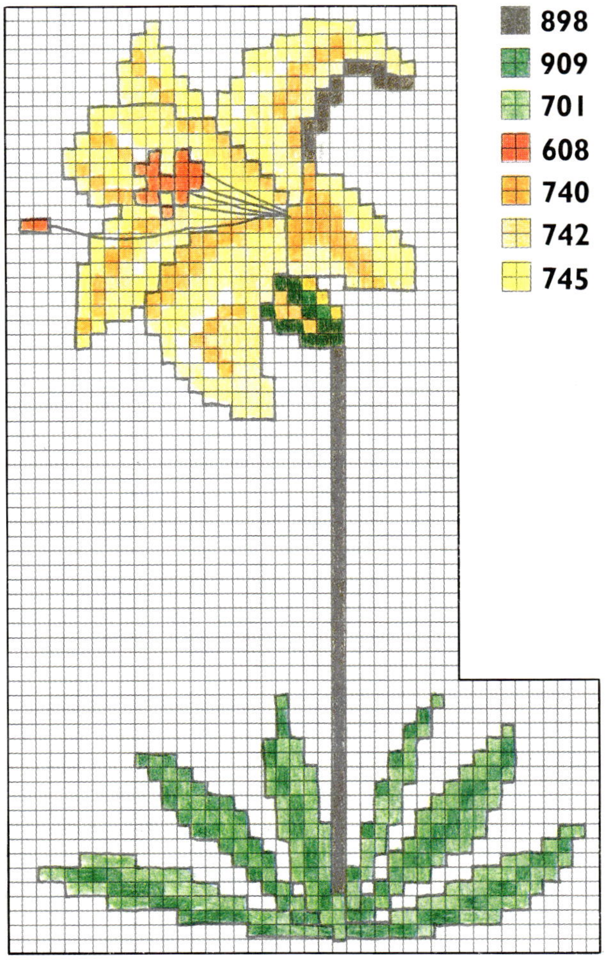

898
909
701
608
740
742
745

64

65

991	703	498	725	3371
993	3051	321	726	433
699	3053	946	727	918

3078	208	907
307	333	370
972	3746	731
971	996	898
970	3761	839
666	993	3777
919	992	3778
304	991	3779
740	703	720
3609	701	3772
3607	471	782
553	581	725

66

Alles in ORANGE

Diese Farbe entsteht aus der Verbindung von rot und gelb. Über Jahrhunderte hatte sie keine eigene Identität, weil sie der Aggressivität und den Ausweichmanövern des Rot nachgeben mußte. Das Feuer, die Flammen oder die rotblonden Haare einer Frau, sie zeigen in Wirklichkeit Farbtöne, die bereits zum Orange gehören, werden aber traditionell rot genannt.

Als schließlich, vor etwa zehn Jahrhunderten, aus dem Orient der *Citrus aurantium* nach Europa kam, setzten sich die ganz eigene Farbe und das köstliche, saftige Fruchtfleisch durch, und seine Farbe bekam einen eigenen Namen: orange. Vom Standpunkt der Psychologie gesehen, liegt sie näher am Gelb: fröhlich, offen, extrovertiert, sonnig. Manchmal aber verstärkt sie sich und wird glutrot. Im Garten kommt sie vor allem im Herbst vor, wenn die Blätter golden und rötlich werden und die Früchte mit orangefarbener Schale wachsen: Mangos, Khakipflaumen und Kürbisse. Im Pflanzenreich finden wir sie in der gesunden Karotte, den zarten Aprikosen und bei manchen Pflaumen, welche eine prunkvolle Farbe haben, die moirierter Seide ähnelt. Außerdem, ein bißchen dunkler zwar, in exotischen Gewürzen, wie z.B. dem berauschenden Zimt. Keine andere Farbe ist so erdverbunden. Man findet sie in mehreren Eisenverbindungen, die vielen Steinen ihre Farbe geben, sowie im Bernstein, im Quarz, im Karneol und in einigen rötlichen Hölzern. Manchem Leckerbissen aus Karamel und auch einigen häuslichen Materialien, wie z.B. gebrannten Fliesen und Ziegelsteinen, schenkt das Feuer ihre orangen Farbtöne. Außerdem ist die Farbe orange gemütlich und heimelig wie die Wärme des Kamins und das Leuchten einer Feuerstelle. Aus diesem Grund darf sie in der Stickerei nicht fehlen.

Lichtflächen und ein Feuerwerk der Farben umgrenzen die Mitte der schönen ländlichen Tischdecke auf der vorhergehenden Seite. Hier, auf der linken Seite, sehen Sie die vergrößerten Motive. Wenn die Tischdecke rund ist, haben Sie nach allen Seiten den gleichen Abstand. Ist sie rechteckig, ist der Abstand auf der langen Seite natürlich größer, deshalb sollte man ihn mit kleinen Gruppen von Früchten und Blättern unterbrechen. Man kann mit denselben Motiven selbstverständlich auch den Sturz und die Servietten verzieren. Dank dem Kreuzstich kann ein Band alle Nuancen eines Satinstreifens annehmen. Das Muster sollte auf die langen Seiten gestickt werden. Man zählt die Kästchen, sowohl der Breite als auch der Länge nach, und heftet ein Rechteck auf den Stoff, das dem Umriß des Motivs entspricht. Dann zeichnet man die Diagonalen des Motivs und des Rechtecks auf und beginnt die Stickerei von der Mitte her (vgl. S. 84).

Rechte Seite: Waldfrüchte, von Blättern umgeben und mit sonnigen Farben koloriert. Es genügen wenige Blätter, eine einfache Ranke, um einer Tischdecke, einem Handtuch, einem Vorhang oder einem Bettuch etwas Farbe zu geben. Auch hier verwendet man das Wiederholungsmotiv, weil es einfach und attraktiv ist. Es gibt der Farbe einen besonderen Charme, ohne die Arbeit schwieriger zu machen.

Ein kleines Stück Wald, eine abgeschnittene Ranke mit Blättern und Beeren, auf den Stoff gelegt – die Lust, sich mit natürlichen Farben zu umgeben. Das Motiv verläuft im Zickzack auf einem Streifen von 70 Kästchen Höhe, das Muster kann allerdings nach links oder rechts beliebig oft wiederholt werden (vgl. S. 87).

Das Spiel der Blätter geht weiter, breitet sich aus, bewegt sich auf einer Fläche, die nicht mehr als 42 Kästchen hoch ist, und gibt dem Tischstreifen einen ungewöhnlichen Glanz. Bevor man mit dem Sticken beginnt, müssen die Motive sorgfältig geplant werden, um sie möglichst gut auszuarbeiten. Um beispielsweise die Ecken einer Tischdecke zu verzieren, genügt es, zwei Blumenmotive im rechten Winkel zu sticken und sie dann mit mehreren kleinen Blättern zu verbinden. Natürlich alles in orange.

Linke Seite: Sehr hübsch sind die kleinen Bonsais mit ihren reifen Früchten. Der Kreuzstich scheint wie für sie gemacht, besonders für diesen hier: klein, fein und mit doppeltem Garn gestickt. Bonsai und Kreuzstich: Beide sind klein und eignen sich, um etwas Besonderes zu gestalten. Beispielsweise ein Paneel mit vielen identischen Bäumchen, aus dem das Kopfende eines Bettes, ein Kissen oder ein anderes Polsterobjekt werden könnte, das man auch mit Bäumchen in zwei verschiedenen Größen entwerfen kann. Ein nettes, einfaches Spiel ohne Ende (vgl. S. 86).

Oben: Leichtigkeit, Sympathie und Farben – drei große Vorzüge des Kreuzstichs. Man erkennt, daß auch ein einfaches Muster wie dieses eine schlichte Tischdecke in etwas Besonderes verwandeln kann. Das Bordürenmotiv kann beliebig wiederholt werden, und auf den Stoff kann man ein buntes Gitternetz sticken. Der Schnitt der Tischdecke ist völlig beliebig. Sie kann quadratisch oder rechteckig sein, man muß nur eine Reihe der Quadrate des Gitternetzes entfernen oder hinzufügen. Und wie wäre es mit einem fröhlichen Muster aus konzentrisch laufenden Quadraten? Genau so entzückend (vgl. S. 85).

Alles in orange

DIE ZEICHNUNGEN

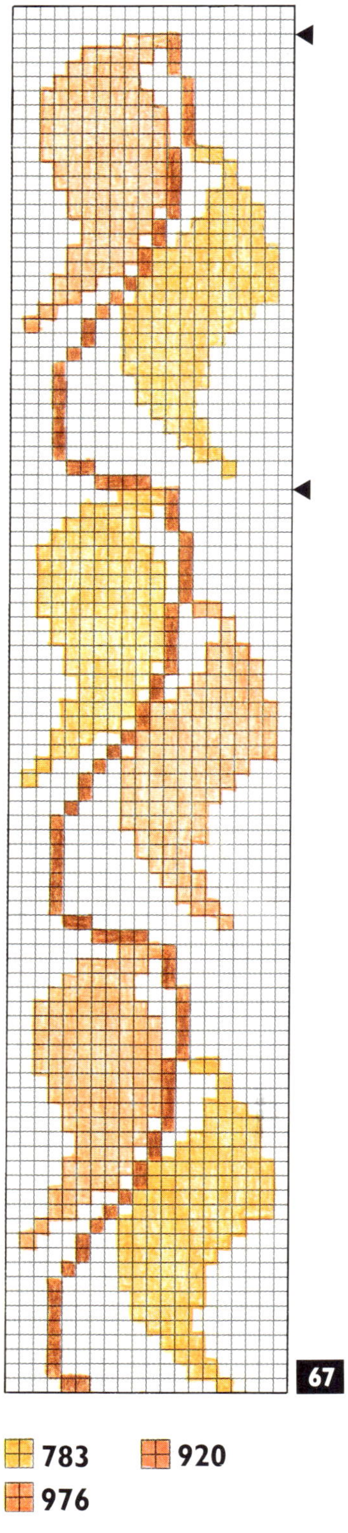

69

761
741
606
954
913
910
563
562
561
644
3790

70

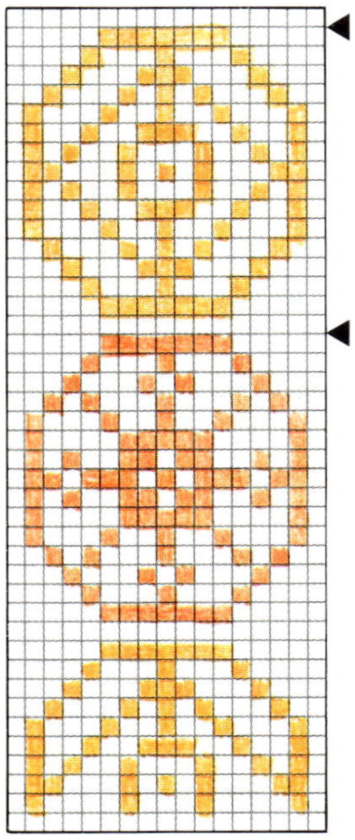

71

740
606

741
3340
900
720
701
909

72

- 3761
- 996
- 993
- 992
- 991
- 564
- 913
- 910
- 3773
- 407
- 632
- 3781
- 741
- 740
- 743
- 720
- 3341
- 666
- 321
- 552

73

- 472
- 470
- 3011
- 955
- 913
- 910
- 368
- 320
- 367
- 841
- 840
- 839
- 353
- 349
- 3776
- 352
- 3340
- 606
- 720
- 947
- 725
- 727
- 3609
- 3608
- 602
- 917

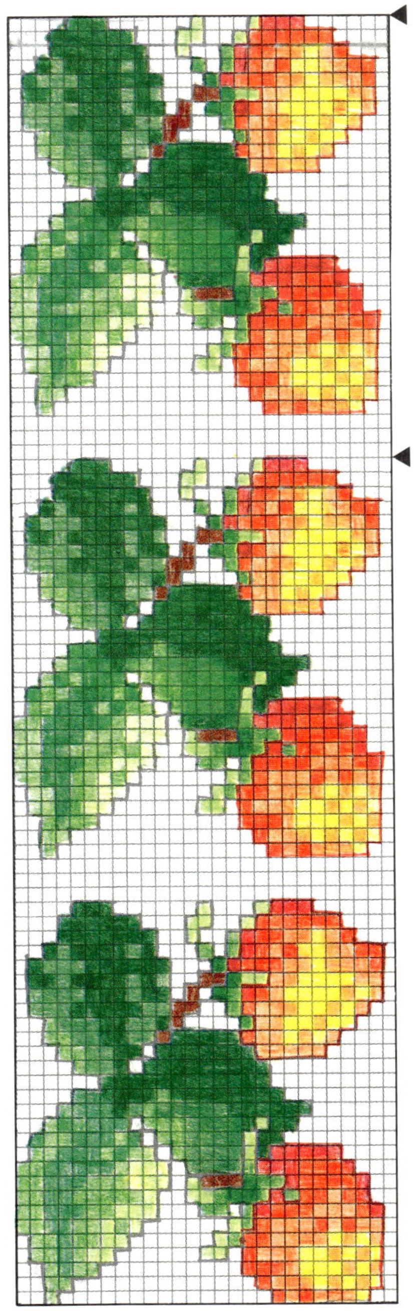

561
562
702
704
801
817
900
971
973

74

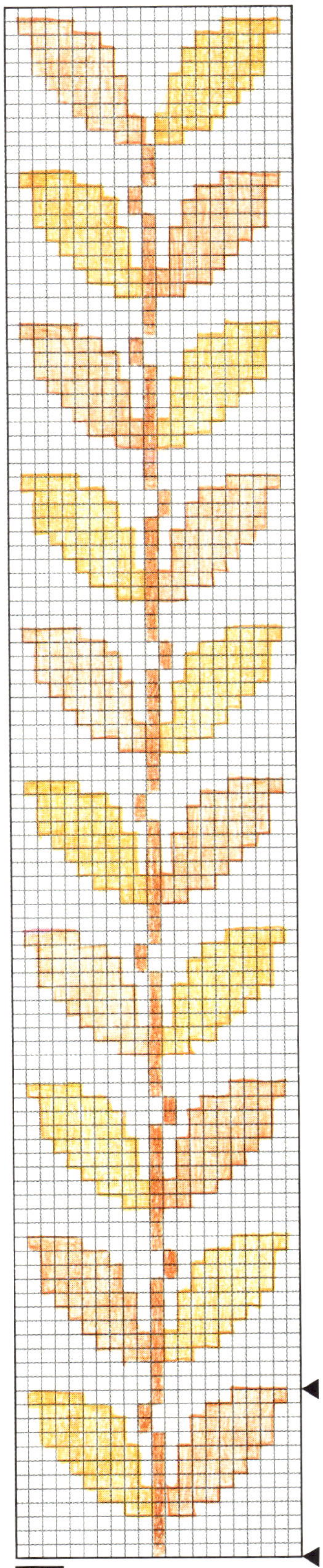

783
976
920

75

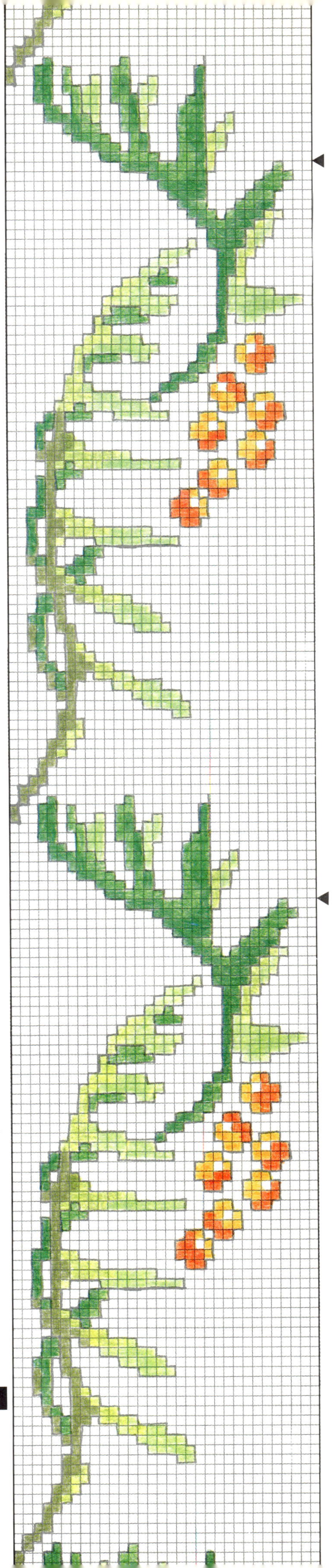

76

700
704
732
734
702
946
740

77

- 742
- 740
- 608
- 722
- 720
- 919
- 3064
- 632
- 564
- 562
- 561
- 3766
- 807
- 3765

78

- 742
- 740
- 608
- 722
- 720
- 919
- 632
- 472
- 470
- 704
- 702
- 700
- 564
- 562
- 561

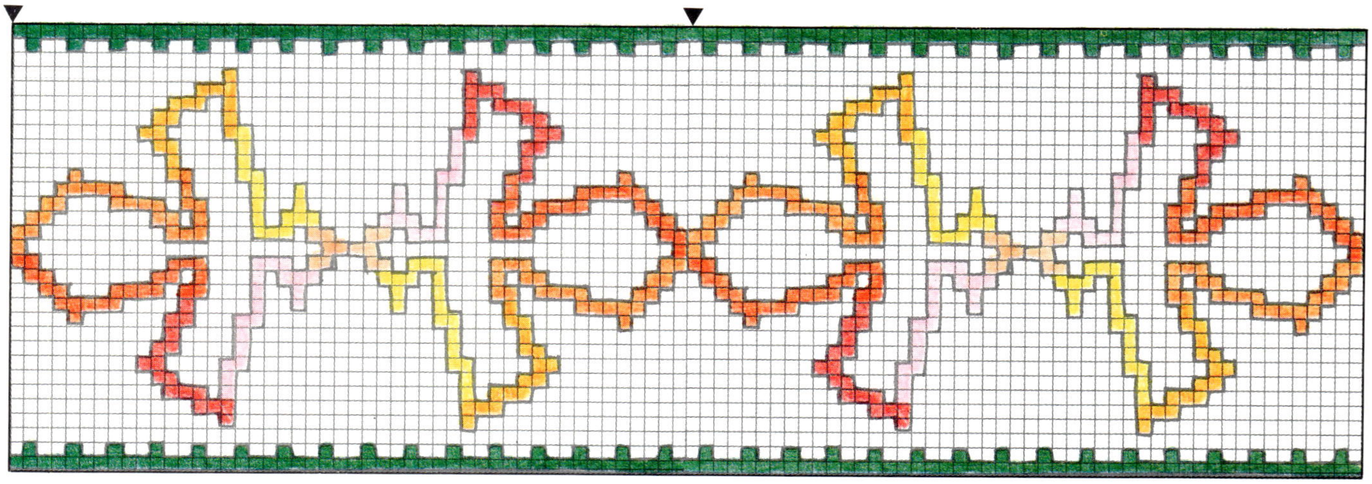

79

- 561
- 600
- 946
- 970
- 3716
- 740
- 742
- 3341

81

3341	
350	
817	
975	
977	
731	
472	
702	
700	
699	

80

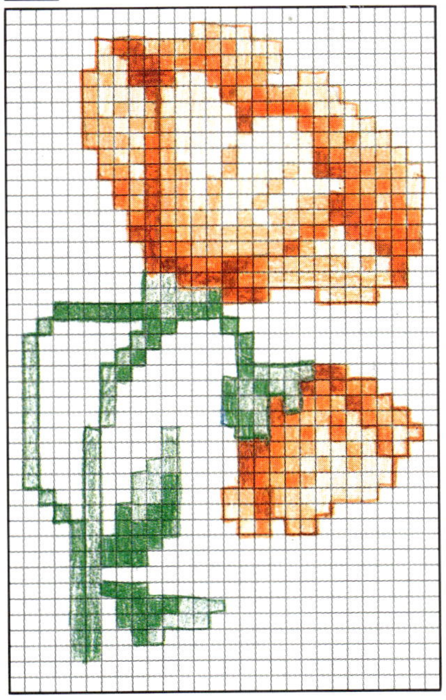

3779	919
722	504
720	502

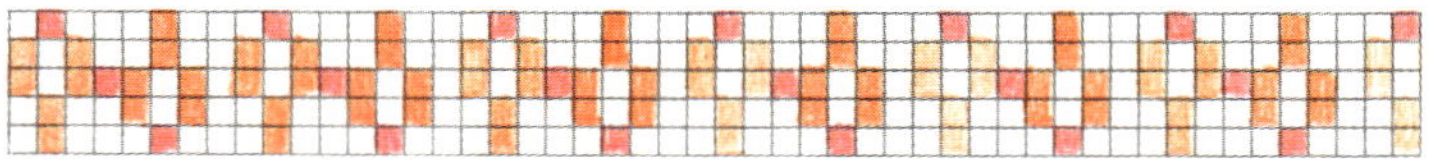

Alles in ROT

*H*alt: rote Ampel. Achtung, Gefahr! Ja, aber auch Mut, Kühnheit und Dynamik. Das Blut, das in den Adern fließt, das Herz, das in der Brust schlägt, die stärksten Erregungen, die intensivsten Gefühle. Die Attribute der Farbe rot sind allesamt Superlative. Sie ist die Krone des Regenbogens, die erste Farbe, die von Kindern wahrgenommen wird und auch von jemandem, der zu lange im Dunkeln war. Die erste Farbe, die das Bewußtsein erreicht, wenn man aufwacht. Mehr als alle anderen Farben springt sie ins Auge, magnetisiert den Blick. Sie bringt uns in Schwung, regt die Gedanken an und löst Zorn und Wut aus. Rot ist die Gewalt, aber auch die Sinnlichkeit und die Leidenschaft.

Rot ist prächtig, wertvoll, prunkvoll und auffällig, symbolhaft und imposant. Deshalb ist es die Farbe des Bühnenvorhangs und des Teppichs, der Helden und Hauptdarsteller empfängt. Rot drückt am besten die Freude und die Aufregung an Festtagen aus, die glühende Erwartung vor Weihnachten und Neujahr, die Fröhlichkeit der roten Beeren an den grünen Stechpalmen und der reifen Äpfel unter den Tannenzweigen, der Geschenkbänder und Schleifen unter dem glänzenden Weihnachtsbaum.

Rot, lebhaft und sinnlich rot, sind die unwiderstehlichsten Früchte: Kirschen, Erdbeeren, Himbeeren, Johannisbeeren und das bekannteste Gewürz, der scharfe Paprika. In der Stickerei ist das Rot die Hauptfarbe der Weihnachtsvorbereitungen, und im vorigen Jahrhundert spielte es eine besondere Rolle: Rot waren traditionell die Monogramme (Initialen oder Zahlen), welche die Unterwäsche kennzeichneten. Wertvoll in den dunkleren Tönen, jung und lebhaft in den helleren, das rote Garn füllt aus und hebt Motive jeden Stils hervor.

Vorhergehende Seite: Bordüre mit kleinen Kirschen, wie man sie bei älteren Anrichten verwendete. Noch eine Idee? In sehr großem Maßstab sieht sie als Muster auf einem Teppich sehr hübsch aus. Wird das Motiv verkleinert, kann eine einzelne kleine Kirsche eine Brosche zieren, die auf einem Stoff, z.B. feiner Leinwand, mit zwei Fäden doppelt gestickt wird (vgl. S. 98).

Linke Seite: Das Rot der Johannisbeeren glänzt zusammen mit dem Grün der Blätter. Eine Zeichnung, die frisch und unschuldig, aber gleichzeitig nie gekünstelt oder langweilig ist. Man findet sie oft in der Kreuzstichtradition wegen der Perfektion ihrer Linie, der Fröhlichkeit der Farbe und der einfachen dekorativen Wirkung. Ein Ratschlag: Skizzieren Sie das Muster maßstabs- und farbgetreu, um von Anfang an den Eindruck des Endergebnisses zu haben (vgl. S. 96).

Oben: Ein Bouquet, ein Band, viele harmonische Farben, und die Stickerei wird liebenswürdig und raffiniert. Ideal für ein Kissen, eine Wäschetasche, ein Taschentuch oder ein Wolljäckchen. Auf einem rechtsgestrickten Untergrund ist die Arbeit sehr einfach. Man stickt jeweils ein Kreuz auf jeden Punkt des Hintergrundes. Beim Tunisstich bestickt man jedes Kästchen, mit Hin- und Rückstich-Reihen arbeitet man mit einer Masche in der Breite und zwei Maschen in der Höhe (vgl. S. 99).

Ein Kranz, um eine Tischdecke, ein Tablett oder ein Kissen festlich zu verwandeln. Aber Vorsicht! Es ist sehr wichtig, das Muster zu zentrieren und seine Position genau zu berechnen. Man zählt die Kästchen sowohl senkrecht als auch waagerecht aus, zeichnet das Quadrat auf und markiert die Diagonalen. Das Ganze wird dann auf dem Stoff wiederholt, und man beginnt mit der Stickerei von einem Punkt, der auf der senkrechten Mittelachse des Motivs liegt (vgl. S. 100-101).

Kleine hübsche Lichttöne, alle verschieden. Man kann sie frei kombinieren, um eine außergewöhnliche Tischdecke mit unregelmäßigem Muster zu sticken, oder sie der Reihe nach für einen raffinierten Stoff-Effekt verwenden. Fast wie bei einem klassischen Damast gegen Ende des neunzehnten Jahrhunderts. Hier kann man, besser als sonst irgendwo, den Charme eines einfachen Stiches erkennen, stets gleich in seiner geometrischen Wiederholung, aber durch die Farbe und die "Konstruktion" der Zeichnung immer wieder erneuert.

Alles in rot

DIE ZEICHNUNGEN

82

83

501
503
504
349
353

3753
932
3364
564
563
561
733
783
400
606
304
915
838

84

- 700
- 703
- 907
- 666
- 606
- 947

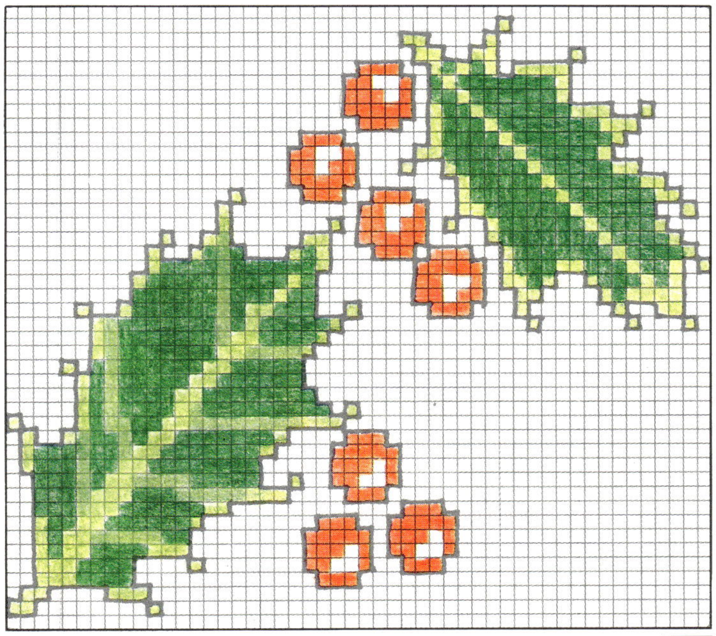

85

- 935
- 470
- 472
- 666

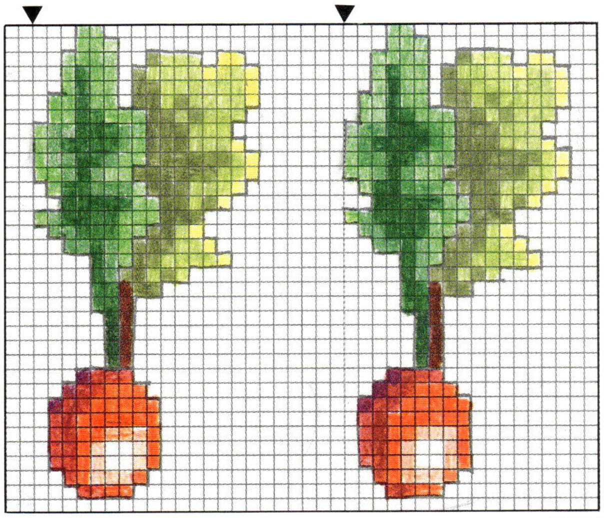

86

- 904
- 905
- 906
- 580
- 733
- 725
- 915
- 304
- 666
- 351

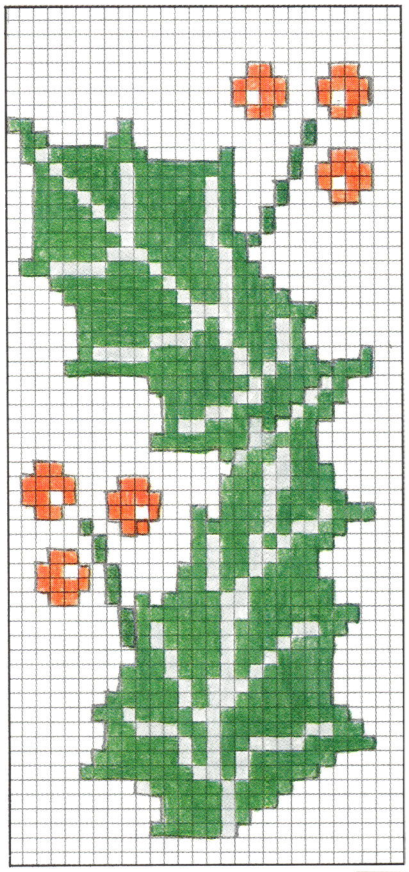

87

- 762
- 319
- 699
- 666

88

991	471	3047	552
993	472	326	963
470	772	915	

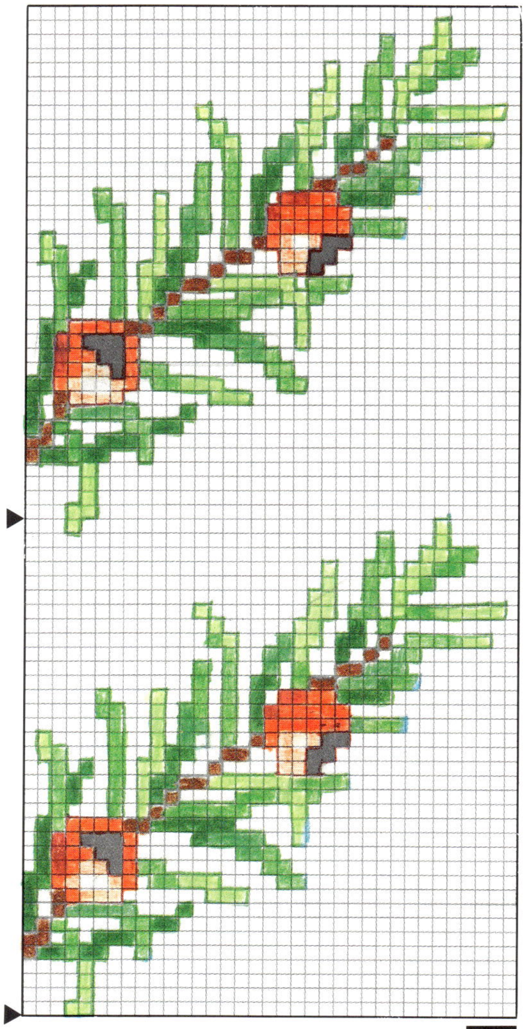

89

699	907	321
700	898	666
905	801	894

90

699
701
703
433
600
666
917
754

91

955	561	971
913	754	720
910	352	3756
564	349	3755
562	972	

92

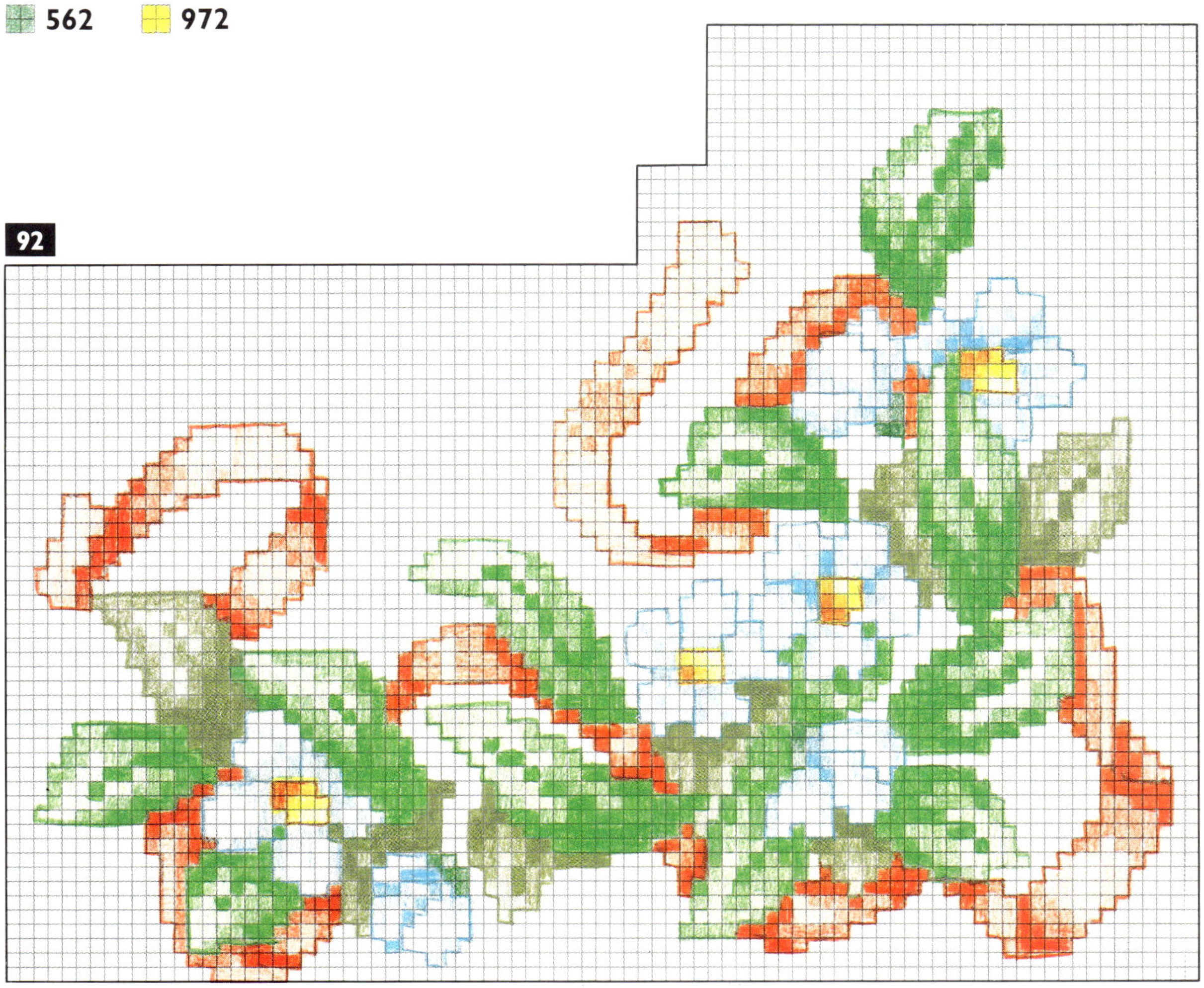

- 955
- 913
- 910
- 372
- 371
- 370
- 972
- 971
- 720
- 754
- 352
- 349
- 3756
- 3755

93

561	632	352	754
562	3064	606	743
564	666	740	745

561			
367	581	817	742
703	733	350	869
907	976	740	400

94

704
702
700
503
502
561
562
3012
3011
3013
742
741
744
899
608
666
3721
3609
3608
601
224
801
3781
3782
827

Alles in GRÜN

Allgemein ist grün in der Stickerei eine Begleit- und Hintergrundfarbe: Blätter, Laubwerk, Äste und Gräser umrahmen mit ihren sanften oder intensiven tiefen Grüntönen das Rot der Beeren, das Rosa der Blumenkränze und der Blütenblätter, das Gelb und das Orange der Früchte und des Gemüses. Das Ergebnis ist ein angenehmer und natürlicher Kontrast, ein beruhigender Eindruck ohne Überraschungen. Grün ist jedoch eine Farbe, die durchaus eine Haupt- und nicht nur eine Nebenrolle spielen kann. Seine Stille und seine beruhigende Kraft sind angenehm für die Augen. Aus diesem Grund verwendet man es für die Dekoration des Hauses. In seinen strahlendsten Tönen besitzt es eine besondere Lebhaftigkeit und Leuchtkraft. Es ist die Farbe des Wiederaufblühens im Frühling und deshalb die Farbe des erneuerten Lebens, der Hoffnung. Dort jedoch, wo sich die Pflanzenwelt besonders eindrucksvoll in dieser Farbe darstellt, hat die Natur sie unermüdlich gegen den Menschen verteidigt. In der Tat hat sie uns sehr wenige grüne Minerale gegeben, aus denen man Pigmente und Farbstoffe gewinnen könnte. Kein Grünton kann mit natürlichen Mitteln erzeugt werden, und die Synthese des sogenannten "Jadegrün aus Schottland", eines Farbstoffes, den man erstmals vor fünfzig Jahren gewonnen hat, war ein Meilenstein in der Farbchemie.
Nur wenige Leute wissen es, aber grün ist die Farbe des Planeten Venus und daher auch die der Liebe. In einigen Ländern war das Hochzeitskleid traditionell grün.
Diese natürliche Farbe der Gräser, des Laubwerkes und der Bäume ist phantastisch. Drachen, Monster, Elfen und außerirdische Wesen werden oft in grün dargestellt, und fast magisch ist jenes "grüne Leuchten", das manchmal am Himmel auftaucht, fast wie ein Wunder.

Vorhergehende Seite: Drei Bordüren, die an die schöne, elegante Geometrie folkloristischer Trachten erinnern – von Griechenland bis Rußland und bis zum hohen Norden. Diese Bordüren enthalten stets etwas Gelbes und etwas Rotes. Hier ist grün die Hauptfarbe, die mit dem Weiß wunderschöne Ornamente entstehen läßt. Mit sehr viel Sorgfalt gestickt, fließen diese über eine Tischdecke, ein Kissen oder einen Vorhang. Am besten beginnt man die Stickerei auf einer Seite und geht diagonal mit allen drei Bordüren gleichzeitig vor, bis man wieder auf den Rahmen trifft. Links sehen wir einen Detailausschnitt. Das Muster, das auf den ersten Blick schwierig erscheint, setzt sich senkrecht und waagerecht einfach symmetrisch fort. Es rückt von einem Kästchen aus diagonal Zeile für Zeile weiter.

Oben und links: Ein hübscher Miniaturgarten, um ein Handtuchset mit dem Liebreiz der kleinen rosa Blumen, der Sanftheit des Grün und dem Zauber des Jugendstils zu veredeln. Einzeln oder als Bordüre wiederholt, wird er sich auf einem Vorhang, einer Tagesdecke oder einer Tischdecke angenehm abheben. Man kann immer wieder dieselben Farben verwenden oder die Farbtöne von einem Bouquet zum nächsten wechseln. Auf einem Handtuchrand aus Aida-Stoff (der 50 Kreuzstiche auf 10 cm zuläßt) wird das Muster 5 cm hoch. Auf einer Tischdecke aus Aida-Stoff mit 44 oder 55 Kästchen auf 10 cm wird dasselbe Muster 6 bzw. 4 cm hoch.

Oben: Auch die Kränze bieten tausend herrliche Kombinationsmöglichkeiten. Ein einzelner kann ein Geschenk, einen Unterteller oder eine Schachtel zieren. Mehrere Kränze, durch einen attraktiven rosa Streifen verbunden, verschönern einen Vorhang oder ein Tischset. Das Motiv kann sich aber natürlich auch als Bordüre wiederholen, die allerdings recht hoch wird, da das Motiv 46 Kästchen beansprucht. Stickt man, statt auf jedes Kästchen nur einen Stich zu setzen, jeweils ein Kreuz auf 2 x 2 Kästchen und verwendet dafür ein dickeres Garn, verdoppelt sich das Maß (vgl. S. 112).

Rechte Seite: Eine rote Beere steht für Weihnachten, eine gelbe für den Sommer, die Farben des Regenbogens für ein Fest. Bei himmelblauen oder lila Beerenmotiven sollten die Blätter und Äste einen dunkleren Grünton haben. Die Motive können sich gleichbleibend oder spiegelbildlich wiederholen (vgl. S. 110 und 113).

Alles in grün

DIE ZEICHNUNGEN

96

472
3011
703
700
699
726
436
918
898

97

703
702
700
699
3731
3743

98

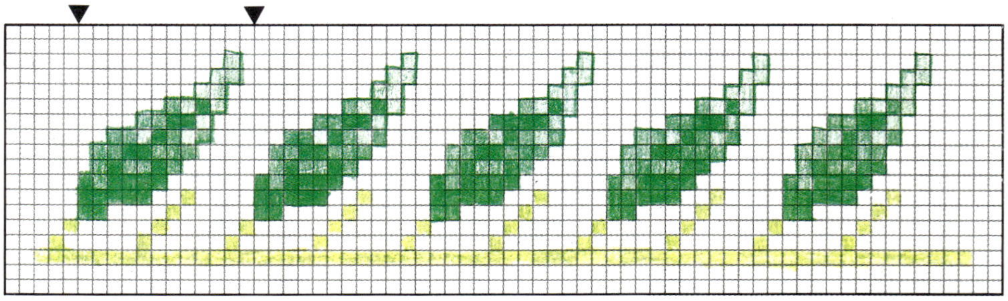

907
955
911
909

99

- 704
- 702
- 700
- 699
- 640
- 3790

100

- 966
- 909
- 912

101

- 918
- 920
- 402
- 3362
- 703
- 734

102

3031	730
632	734
561	680
562	676
703	

904
905
907
580
734
3753

103

104

839
700
702
704
469
472
445

105

772	730	3766	632
733	563	3765	300
704	986	3776	
702	993	301	
734	991	3772	

107

- 699
- 700
- 702
- 704

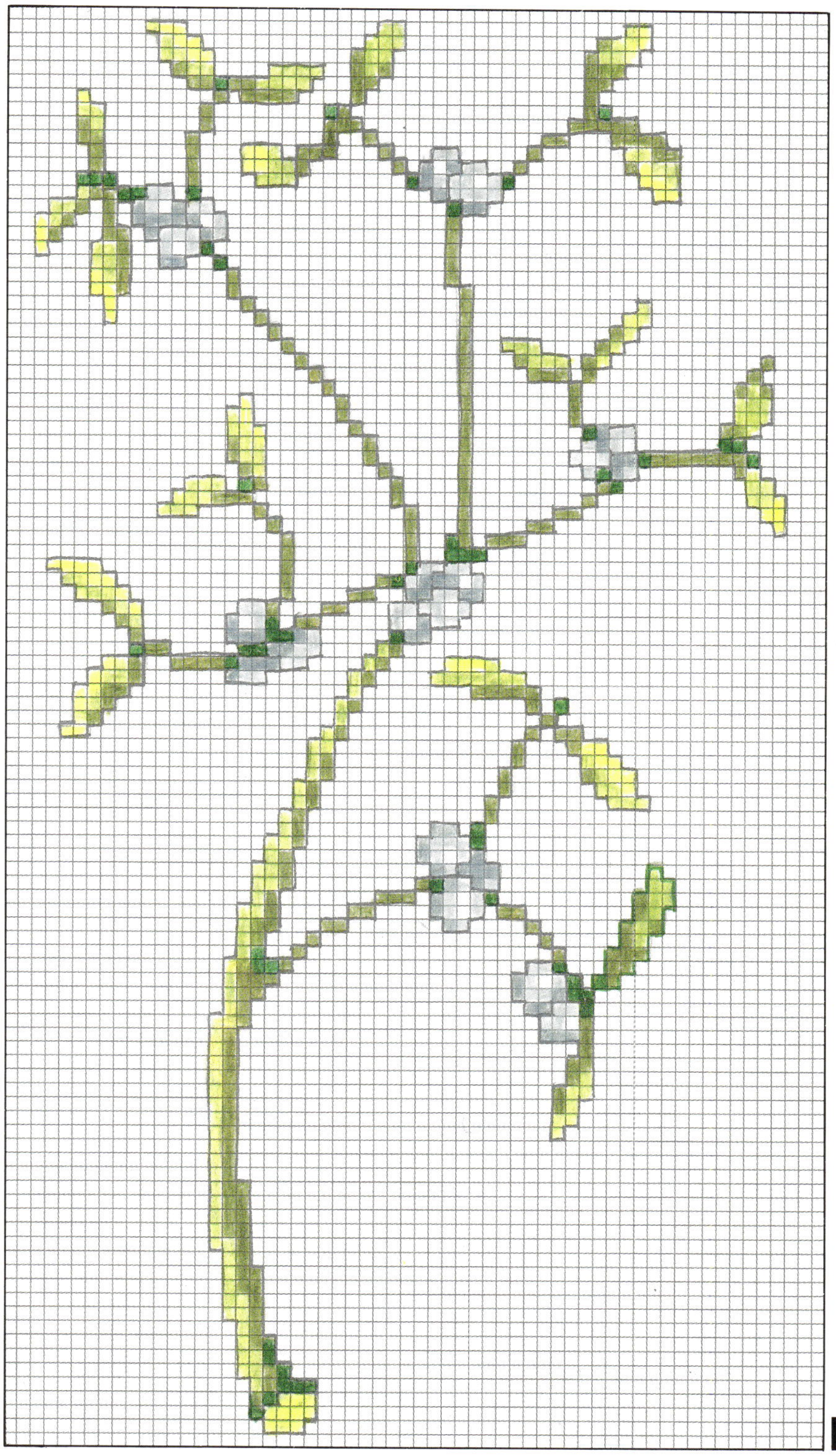

106

370	727
520	318
471	762

108

722, 721, 720, 353, 351, 350, 817

3013, 3012, 3011, 955, 913, 910, 564

562, 561, 840, 838, 445, 444, 972

109

727, 907, 733, 580, 991

472, 581, 369, 368, 319

110

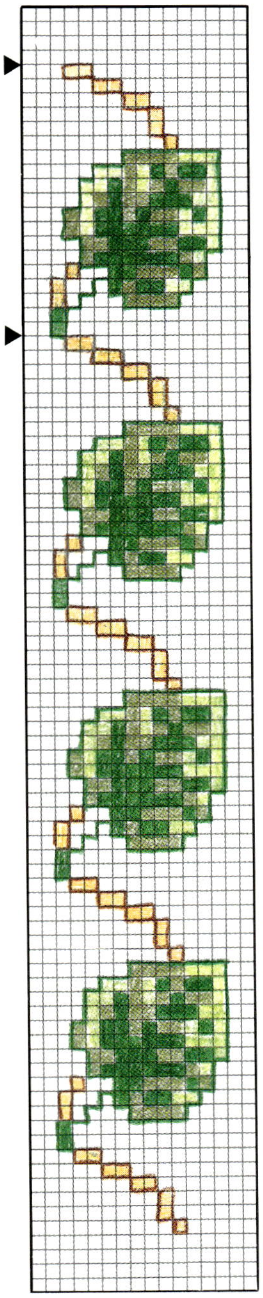

111

319
3012
3348
783

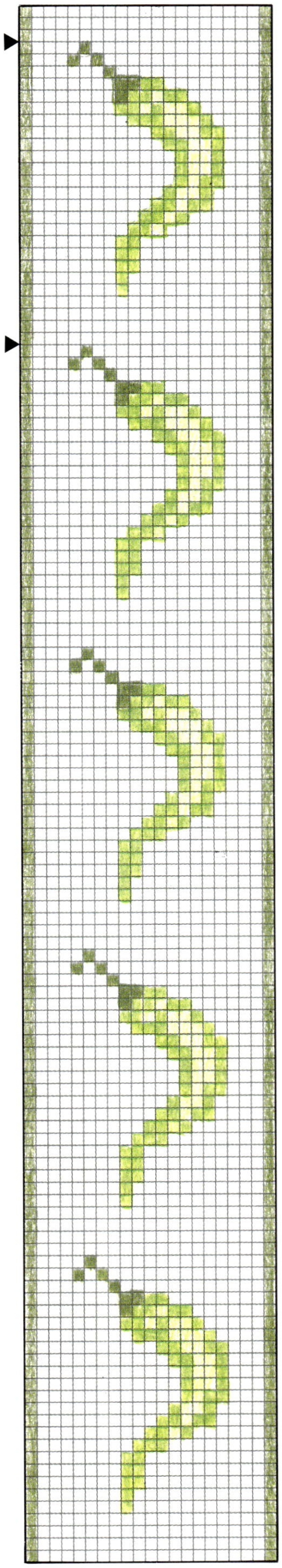

112

580
581
734

113

472
701
704
699
890
783
920
780
938
608
349

DIE TECHNIK

So, wie die Buchstaben des Alphabets am Anfang allen Schreibens stehen, steht der Kreuzstich mit seinen einfachen Grundelementen – zwei kleine, schräge Stiche aus Garn, die sich kreuzen – am Anfang aller Stickerei. In jedem Volk und in fast allen Ländern finden wir Epochen, in denen der Kreuzstich verwendet wurde: um Trachten zu dekorieren, selbst in den ärmsten Häusern als Muster auf Polstermöbeln, auf Lehrtafeln, um "die Kleine" der Familie zu unterrichten oder um sich mit Nadel und Faden vertraut zu machen. Er ist, und das ist auch sein größtes Plus, ein einfacher Stich, zu dem man keine anderen Nebenstiche benötigt. Das ist auch der Grund, warum man ihn, ob ein- oder mehrfarbig, nahezu immer allein antrifft. Der einzige akzeptierte und manchmal erforderliche Partner ist der Steppstich. Er markiert die Konturen eines Motivs, besonders, wenn es sich aufgrund seiner hellen Farbe, nicht von dem ebenfalls hellen Hintergrund abhebt oder die Konturen schräg oder stufig sind.

Typisch ist das Nebeneinander von Kreuzstich und Steppstich, das in Umbrien vorkommt, wo man diesen auch den Assisi-Stich nennt. Fast immer in himmelblauem oder rostrotem Garn gestickt, entstand er in diesem Städtchen, inspiriert von den Kirchendekorationen, den Denkmälern, den Ornamenten und den Palästen, die mit ihren Intarsien, Basrelieffiguren, Schmiedearbeiten und Schnitzereien seit jeher ein unerschöpfliches Repertoire boten. Der Kreuzstich füllt den Hintergrund aus, während die Figuren (häufig Vögel oder andere Tiere) mit einem dunklen Garn abgesetzt sind.

Es gibt verschiedene Arten des Kreuzstichs. Den, der auf Stramin gestickt wird, und bei dem der Hintergrund komplett ausgefüllt werden muß, damit der Schußfaden nicht zu sehen ist, und den, der auf anderen Stoffen gestickt wird, welche die Bearbeitung der Stickerei mehr oder weniger erleichtern. Von besonders großer Bedeutung für die Stoffauswahl ist die Regelmäßigkeit von Schuß und Kette, damit alle Kreuze quadratisch und gleichmäßig werden. Der Kreuzstich variiert von Land zu Land. Oft verändert er, wenngleich seine Grundeigenschaften unverändert bleiben, die Länge oder die Dichte seiner Stiche (der montenegrinische und der slawische Kreuzstich sehen z.B. wie die Rückseite des Schattenstichs aus).

Will man ein Motiv sticken, muß man es zuerst auf dem Papier proportional korrekt entwerfen, vor allem, wenn es sich um eine besondere Stickerei handelt. Das ist wichtig, um eine genaue Vorstellung vom Gesamtergebnis zu haben, die Probleme einzuschätzen und die tatsächlichen Maße der verschiedenen Elemente zu berechnen. Danach bestimmt man mit Hilfe der Zeichnung, wieviel Platz sowohl in der Breite als auch in der Länge das Motiv auf dem gewählten Stoff einnehmen wird und markiert mit farbigem Garn das Rechteck, welches das Motiv begrenzt. So können Sie vorher entscheiden, ob die Tischdecke zu wenig oder zu sehr verziert wird, ob der Vorhang mit einer einzelnen Bordüre ausreichend dekoriert ist oder ob zwei nötig sind. Auch was die Mustertafel betrifft, die alle Freiheiten läßt, gelten die gleichen Ratschläge. Wer im Sticken völlig unerfahren ist, sollte für jeden Buchstaben und jedes Bordürenmotiv den benötigten Platz vorher berechnen, um böse Überraschungen am Ende der Arbeit zu vermeiden.

Und die Ecken? Wenn Ihnen ein Bordürenmuster gefällt, das jedoch ohne Ecken gezeichnet ist, können Sie die Ecken problemlos selbst entwerfen, indem Sie einen Spiegel auf die Diagonale der vorgesehenen Ecke stellen. Sie können die Fortsetzung des Motivs im Spiegelbild erkennen und Stich für Stich auf kariertes Papier übertragen, um sie schließlich auf den Stoff zu sticken.

Was aber, wenn die Motive, für die Sie sich entschieden haben, nur farbig vorliegen, Sie aber aus Gewohnheit oder weil Sie vielleicht, besonders abends, etwas schlechter sehen, Schwierigkeiten haben, die Farben zu unterscheiden? Sie brauchen nur mit etwas Geduld die bunten Vorlagen tagsüber auf ein schwarzweißes Schema mit konventionellen Zeichen zu übertragen.

Was den Arbeitsablauf betrifft, so ist es besser, zunächst das Motiv mit allen seinen Farben und Nuancen zu sticken und dann den Hintergrund auszufüllen. Wichtig ist auch, daß Sie eine begonnene Blume, Figur oder ein Tier fertigstellen, bevor Sie mit dem nächsten Motiv anfangen. So können Sie die tatsächlichen Größenverhältnisse der Stickerei feststellen und die andere Elemente entsprechend plazieren.

DIE STICHE

Kreuz für Kreuz zu sticken, wird fast zu einem Spiel. Tatsächlich genügt es, wenige einfache Regeln zu beherrschen, um wirklich unglaubliche Ergebnisse zu erzielen. Fertigt man ein mehrfarbiges Muster im Kreuzstich an, beginnt man auf der Rückseite, um das Garn nicht ständig vernähen zu müssen. Die Garnabschnitte dürfen nicht zu lang sein (es sei denn, die Arbeit ist bereits teilweise fertiggestellt, und man hat die Möglichkeit, das Garn unter den vorhandenen Stichen durchzuziehen). Wenn man hingegen ein einfarbiges Muster stickt, muß man senkrecht, waagerecht und diagonal vorgehen. Zur besseren Verständlichkeit haben wir alle gezeigten Arbeitsschritte jeweils mit Zeichnungen versehen. Auch beim Steppstich muß man sich, um ihn mit dem Kreuzstich verwenden zu können, an einige Regeln halten. Diese dienen vor allem dazu, die unschönen Garnschlingen auf der Rückseite zu verkürzen und so der Verschwendung von Garn vorzubeugen. Soll eine Fläche ganz ausgefüllt werden, stickt man vorzugsweise waagerechte Reihen von Kreuzstichen von rechts nach links und wieder zurück. Für schräglaufende Reihen benötigt man den Steppstich, um einen Dreiviertel-Stich zu sticken. Er besteht aus einem ganzen schrägen Stich und einem halben Stich, der senkrecht auf die Schräge zuläuft und in deren Mitte endet.

Beim Vernähen der Garnenden dürfen keine Knoten entstehen. Diese würden beim Bügeln auftragen und könnten beim Waschen oder im Laufe der Zeit aufgehen. Man befestigt den Anfang eines Fadens mit einigen Stichen und zieht das Ende auf der Rückseite unter den abschließenden Stichen hindurch.

Eine echte Kunst ist es, das Garn auf der Vorderseite der Arbeit unter den zuletzt gestickten Kreuzen zu vernähen, die dieselbe Farbe haben müssen. So wird die Stickerei auf der Vorder- und Rückseite perfekt. Diese Methode eignet sich besonders für Vorhänge.

KREUZSTICH

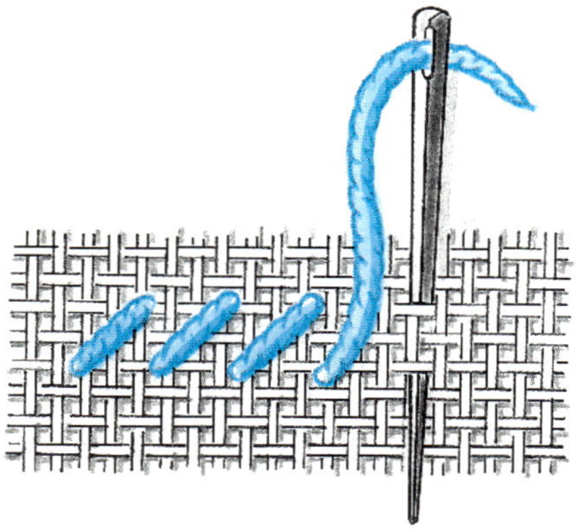

1 Von links nach rechts
Man führt die Nadel senkrecht von unten nach oben ein, um nach rechts geneigte Stiche zu erhalten.

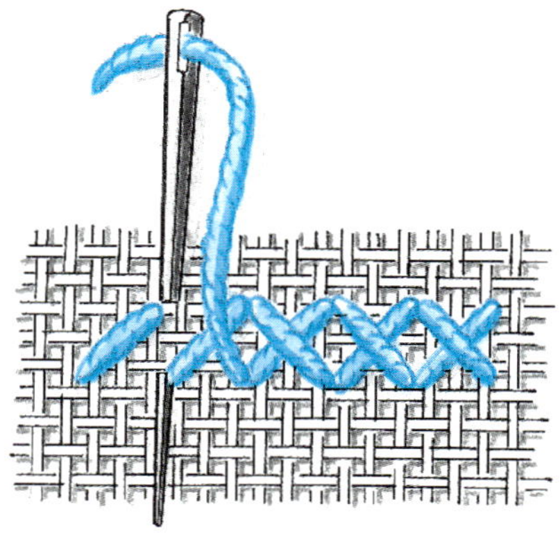

Anschließend komplettiert man, ohne die Stickarbeit zu drehen, die Kreuze mit Stichen von unten rechts nach oben links.

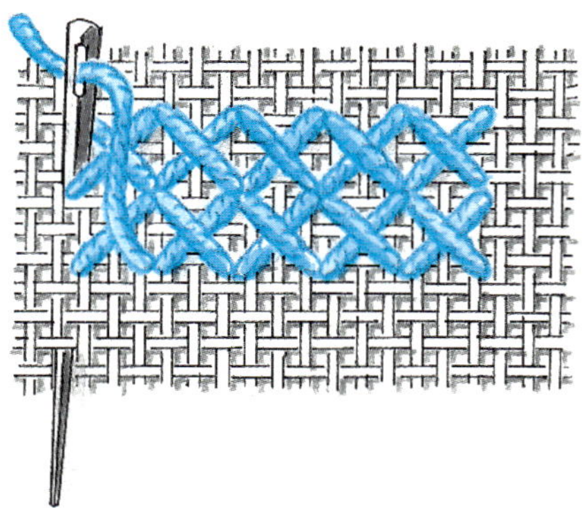

Rückseite: eine regelmäßige Folge doppelter Stiche. Zur nächsten Reihe gelangt man, indem man im Abstand von zwei Kreuzen senkrecht nach unten geht.

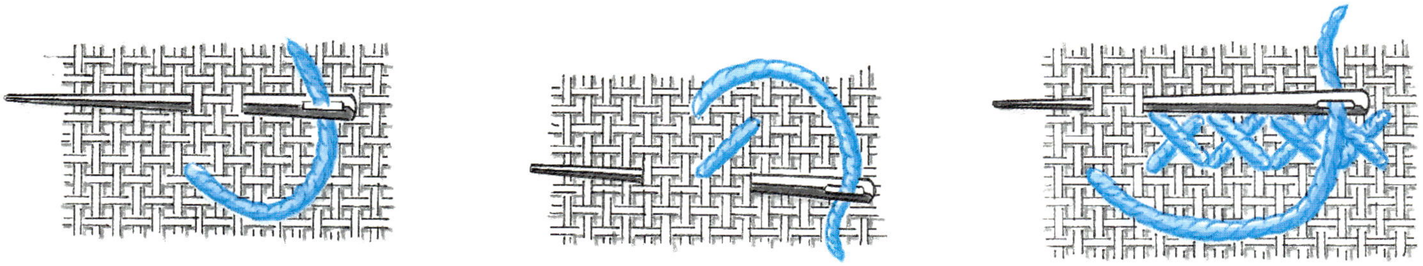

2 Von rechts nach links
Man setzt einen Stich von links unten nach rechts oben. Dann ergänzt man das Kreuz mit einem weiteren Stich von links oben nach rechts unten. Mit dieser Methode rückt man jeweils eine Kreuzbreite nach links und setzt so die weiteren Stiche.

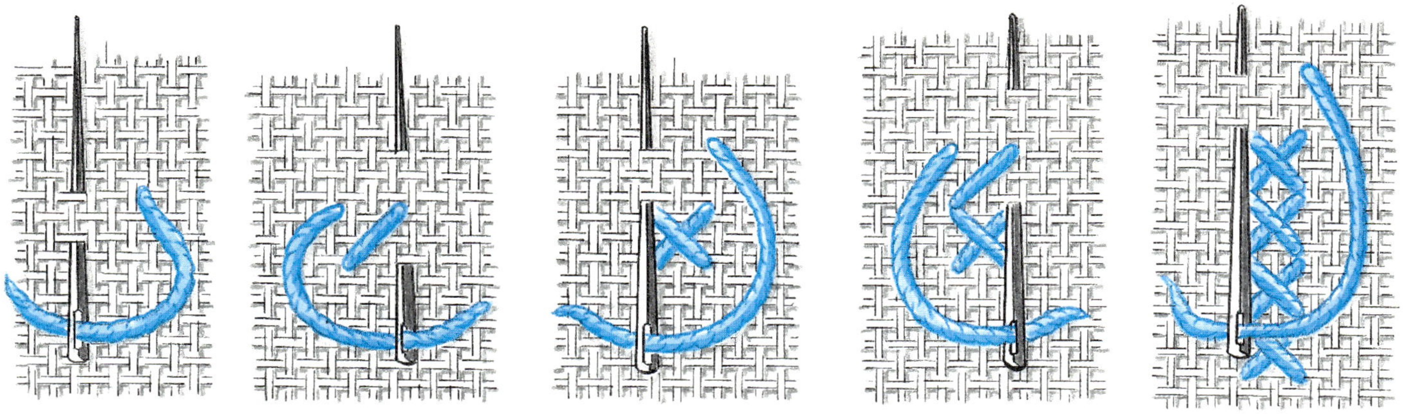

3 Von unten nach oben
Man setzt zunächst einen Stich von rechts oben nach links unten und ergänzt das Kreuz mit einem Stich von links oben nach rechts unten. Danach rückt man um die Höhe eines kompletten Kreuzes nach oben, stickt das nächste Kreuz und setzt so die Reihe fort.

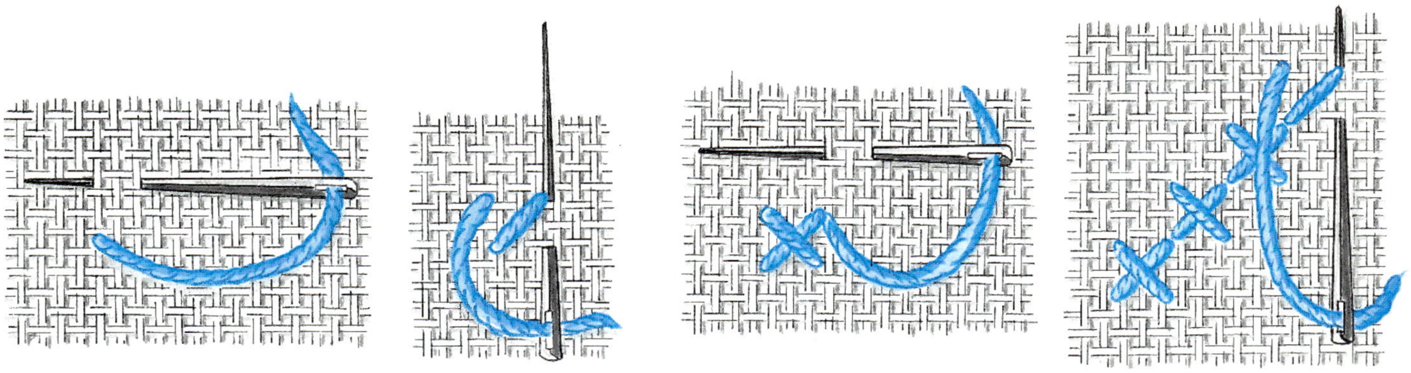

4 Diagonal nach oben
Man stickt das erste komplette Kreuz wie gezeigt, wobei man oben rechts, unmittelbar am Kreuz, die Nadel wieder hochführt. So verfährt man auch für das nächste und die folgenden Kreuze.

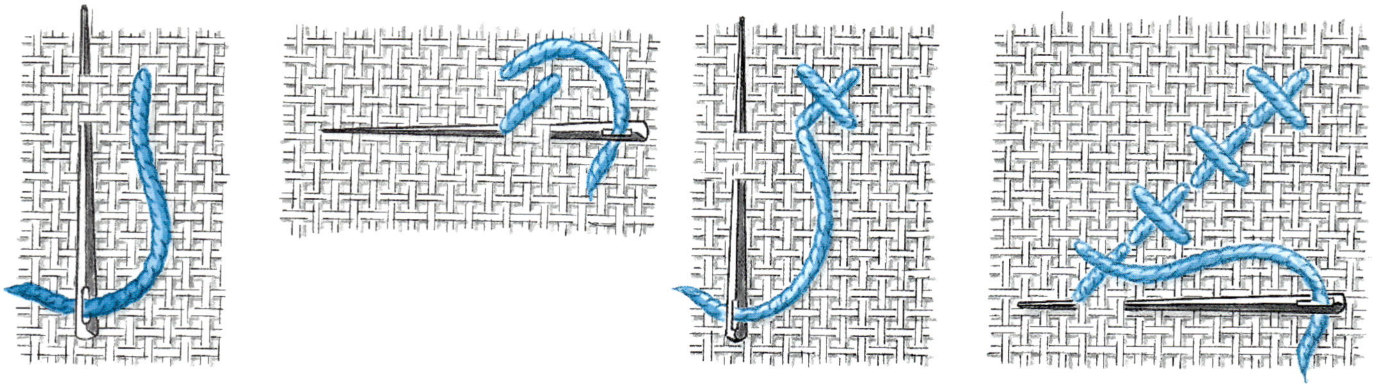

5 Diagonal nach unten
Man stickt zuerst ein vollständiges Kreuz aus einem Stich von rechts oben nach links unten und einem Stich von links oben nach rechts unten, wobei man links unten, unmittelbar am Kreuz, die Nadel wieder hochführt. So verfährt man auch für das nächste und alle folgenden Kreuze.

STEPPSTICH

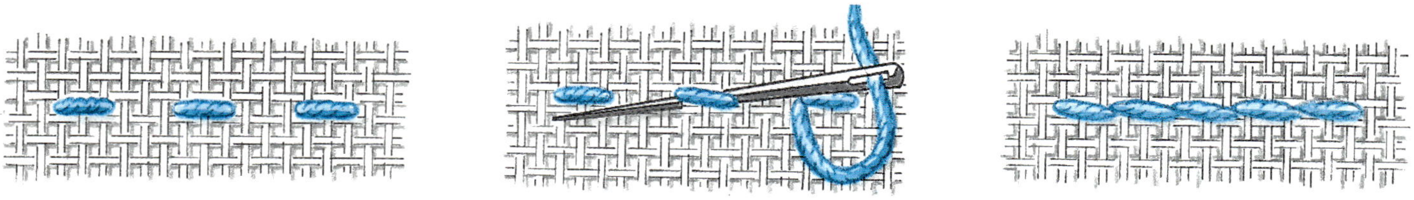

6 Gerade Linie
Man arbeitet von rechts nach links, indem man zunächst eine Reihe auf der Vorder- und Rückseite identischer Stiche setzt. Dann folgt eine zweite Stichreihe, welche die freien Zwischenräume füllt. Man beginnt stets rechts und zwar so, daß die Nadel jeweils an den Einstichstellen der ersten Reihe durchgeführt wird.

7 Diagonale Linie
Man beginnt oben rechts und setzt eine Reihe auf der Vorder- und Rückseite identischer Stiche (diagonal nach links unten). Dann ergänzt man die Linie mit einer zweiten diagonalen Stichreihe, die wieder oben rechts beginnt. So entsteht eine durchgehende Linie aus identischen Stichen.

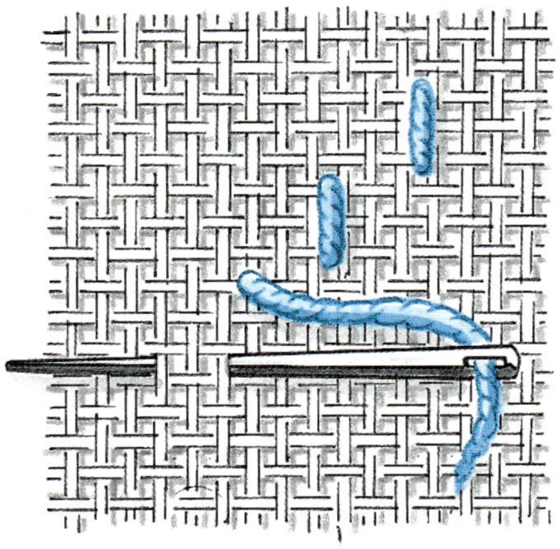

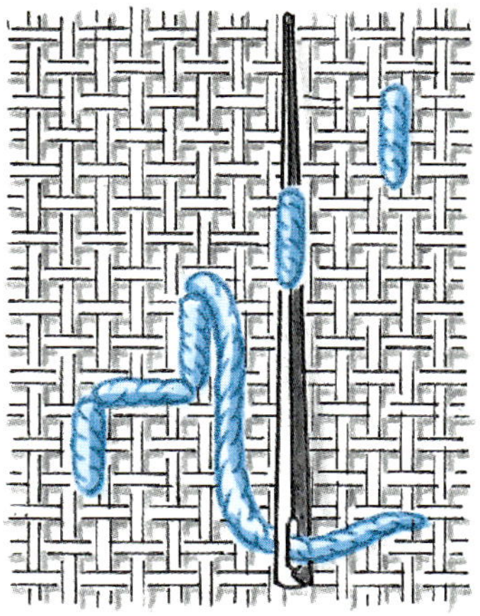

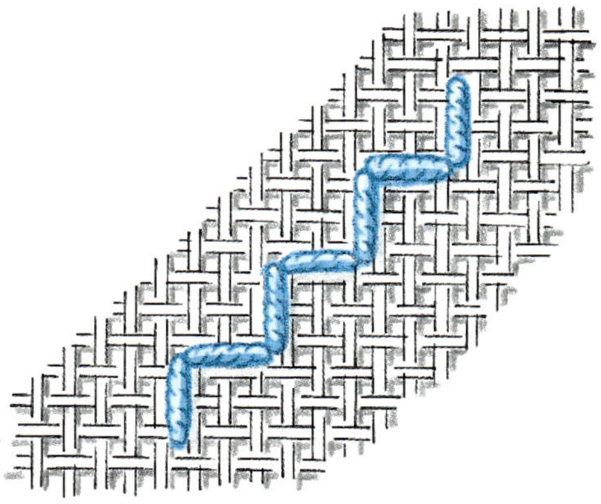

8 Stufenstich

Man setzt zunächst eine Reihe senkrechter Stiche, die horizontal und vertikal jeweils um eine Stichlänge verschoben sind. Eine zweite Reihe waagerechter Stiche, ebenfalls horizontal und vertikal verschoben, bildet zusammen mit der ersten Reihe die Stufen. Bei symmetrischen Stufen geht man ebenso vor.

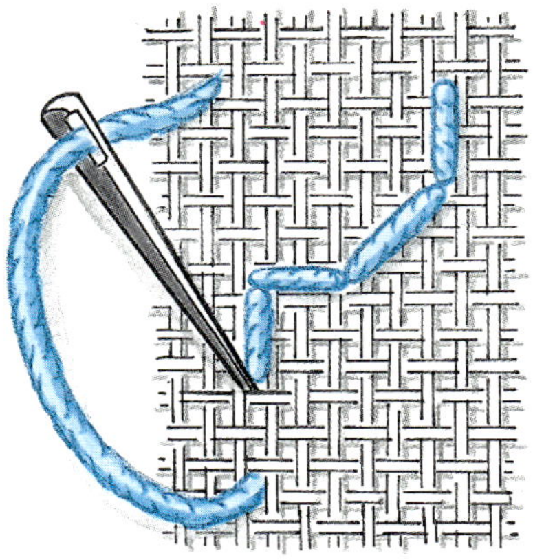

9 Hinterstich

Eine Reihe horizontaler, vertikaler und diagonaler Stiche bildet eine durchgehende Linie mit wechselnder Laufrichtung. Man stickt sie, indem man die Nadel dort einsticht, wo der nächste Stich beginnen soll, und den Faden zurückführt, wobei man den entstandenen Zwischenraum füllt.

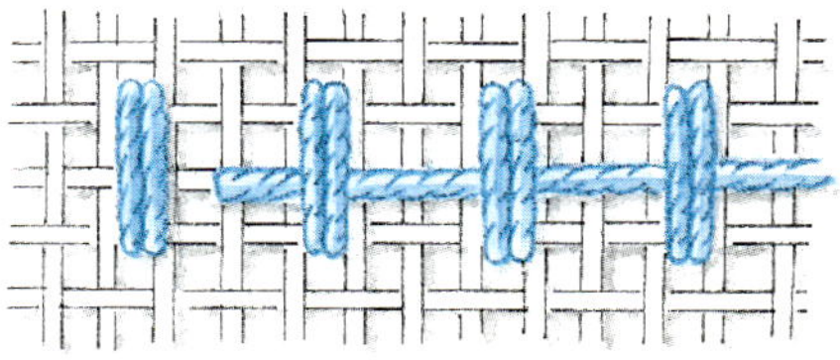

10 Vernähen der Garnenden

Gleich zu Beginn des Stickens setzt man einige diagonale Stiche (jeweils die erste Hälfte eines Kreuzstichs) und vernäht den Garnanfang mit den senkrechten Stichen, die auf der Rückseite entstehen. Beendet man die Arbeit mit einem Garn, führt man auf der Rückseite das Garnende unter den vertikalen Stichen der letzten 3-4 gestickten Kreuzstiche durch, um es zu befestigen.

DIE STOFFE

Für ein Motiv gibt es unendlich viele Stoffe. Um jedoch ein perfektes Ergebnis zu erzielen, müssen die Schußfäden absolut regelmäßig laufen, damit sie die Stiche "führen" können. Aida-Stoffe sind dafür bestens geeignet, da sie kreuzweise gewebt sind und perfekte kleine Quadrate bilden. Ebenso Kreuzstich-Reinleinen mit 7 oder 11 Fäden pro Zentimeter.
Aida-Stoff ist aus reiner Baumwolle, 180 cm breit, und es gibt ihn mit 72, 60, 55 oder 44 Kästchen auf 10 cm. Die Dichte 55 ist auch in Reinleinen erhältlich. Die Größe eines Motivs variiert, abhängig von der Dichte des Stoffes. Je lockerer das Gewebe, desto größer das Resultat.
Das Reinleinen mit regelmäßigem Schuß ist 170 cm breit und in naturfarben erhältlich. Mit dichtem Schuß (11 Fäden/cm) ermöglicht es, wenn man für jeden Stich 4 Fäden (2 in jeder Richtung) bedeckt, Stickereien von 55 Kreuzen auf 10 cm, mit lockerem Schuß (7 Fäden/cm) Stickereien mit 35 Kreuzen auf 10 cm.
Natürlich benötigt man weniger Kreuze als angegeben, wenn man mehr Fäden pro Stich bedeckt. Auch auf Aida-Stoff ist es möglich, die Kreuzstiche statt auf eines, über 4 Kästchen (2 in jeder Richtung) zu setzen. Größe und Endergebnis werden sich dementsprechend deutlich verändern.
Alle beschriebenen Stoffe kann man, von ihrer Größe her, für Tischdecken sowie Tagesdecken für Einzelbetten verwenden, für die 180 cm Breite ausreichen. Ein Ratschlag: Da die Kreuzstichstickereien sehr wertvoll sind, sollte man einen möglichst haltbaren Stoff von hoher Qualität verwenden, beispielsweise das Reinleinen, obwohl man, in ästhetischer Hinsicht, auf reiner Baumwolle gleichwertige Ergebnisse erzielt.

Leinen und Aida-Stoffe für den Kreuzstich. Auf solchem Stoff, der die Stiche mit seinem regelmäßigen Schuß "führt", zählt man die Fäden spielerisch leicht. Ist das bunte Garn nicht stärker als die Fäden des Stoffes, findet man mühelos die Öffnungen, durch die man mühelos die Nadel führen kann. Die Größe eines Motivs variiert, abhängig von der Dichte des verwendeten Stoffes. Gut zu erkennen ist dies bei dem Rosenmotiv auf der rechten Seite. Es wurde mit ein-, zwei- und dreifädiger Mouliné-Baumwolle auf Aida-Stoffe mit 72, 55 und 44 Kästchen auf 10 cm gestickt.

DIE GARNE

Hier die Übersichtstafel für Ihre Stickerei. Die DMC-Palette für die Baumwollgarne Mouliné und Perlé enthält 398 verschiedene Farben, unter denen Sie Ihre Lieblingsfarbe und vielfältige Nuancen – bis zu elf pro Farbe – wählen können.
Ein schönes Motiv, ein gutes Garn und ein ausgezeichneter Stoff sind nicht genug, um ein perfektes Ergebnis zu erzielen. Man muß alles aufeinander abstimmen, die Garnstärke einem größeren Schuß des Stoffes anpassen und umgekehrt. Die Garne DMC-Mouliné und DMC-Perlé haben, wenngleich von der Farbpalette identisch, unterschiedliche Eigenschaften. Das erstere, weich, elastisch, leuchtend und als Garnstrang erhältlich, besteht aus sechs dünnen Fäden, die nach Fertigstellung der Stickerei Volumen gewinnen und den Stoffhintergrund verdecken. Da es komplex ist, kann es mit einem, zwei, sieben oder zehn Fäden verwendet werden, wodurch man es dem Stoff und dem Motiv anpaßt.

Das Garn DMC-Perlé, ebenfalls leuchtend und edel, wird dagegen als Knäuel oder in kleinen Garnsträngen geliefert: Nr. 5 in Garnsträngen, Nr. 8 als Knäuel. Normalerweise verwendet man Perlé Nr. 8 für einfarbige Stickereien, weil die Knäuel die Arbeit erleichtern, und dank der Windung des Garns wird die Stickerei sauber und ihre Konturen scharf. Perlé Nr. 5 ist besonders für Stickereien auf Stoffen mit großem Schuß geeignet.

Ein letzter Tip: Wenn möglich, sollten Sie zuerst die dunkleren und dann die helleren Teile sticken. Die hellen Farbtöne könnten sonst anschmutzen, wodurch die fertige Stickerei an Glanz verlieren würde.

*D*ie gesamte Farbskala der DMC-Garne, die gegenwärtig angeboten werden. Es ist eine wirklich großartige Palette mit 398 verschiedenen Farben und Nuancen, die Sie jedesmal aufs neue für Ihre Motive und Stickereien einsetzen können.

ZEICHNUNGSLEGENDEN

Die Seiten dieses Buches entfalten sich Abschnitt für Abschnitt, von rosa bis grün, wie ein prachtvoller Regenbogen. Für jede Farbe werden fertige Stickereien gezeigt, oft mit den dazugehörigen Farbzeichnungen auf Entwurfspapier versehen. Außerdem werden Sie viele neue und bisher unveröffentlichte Entwürfe finden, die Ihr persönliches Repertoire bereichern können. Zu all diesen Zeichnungen, die fortlaufend numeriert sind und deshalb problemlos zugeordnet werden können, finden Sie nachstehend die Legenden, in denen die Anzahl der Kästchen für Länge und Breite des Motivs angegeben ist. Dadurch ist es sehr einfach, die Maße der Zeichnungen auf die gängigen Stoffe umzurechnen: z.B. für Aida-Stoff mit 44, 55 und 60 Kästchen auf 10 cm oder andere Stoffe mit derselben Schußdichte. Der Hinweis zur betreffenden Seite zeigt, ob es sich um das Schema einer als Fotografie gezeigten Stickerei oder um ein neues Motiv handelt.

Alles in ROSA

1 Das Motiv ist 95 Kästchen breit und 39 Kästchen hoch. Auf Aida-Stoff mit 44 Kästchen auf 10 cm wird es 21,5 x 9 cm, auf Aida-Stoff mit 55 cm bzw. 60 Kästchen ca. 17 x 7 cm bzw. 16 x 6,5 cm groß.

2 Das Wiederholungsmotiv ist von einer Blume zur nächsten 28 Kästchen breit und 26 hoch. Auf Aida-Stoff mit 44, 55 oder 60 Kästchen wird es ca. 5,5 x 5 cm, 5 x 4,5 cm bzw. 4,5 x 4,2 cm groß.

3 Das Wiederholungsmotiv ist von einem Medaillon zum anderen 104 Kästchen hoch und 28 Kästchen breit. Auf Aida-Stoff mit 44, 55 oder 60 Kästchen wird es ca. 23,6 x 6 cm, 19 x 5 cm bzw. 17,5 x 4,5 cm groß.

4 Das Motiv ist 59 Kästchen breit und 47 hoch. Auf einem Stoff mit 44 Kästchen wird es ca. 13 x 11 cm, auf einem Stoff mit 55 cm bzw. 60 Kästchen ca. 11 x 8,5 cm bzw. 10 x 8 cm groß.

5 Das Motiv hat 35 x 35 Kästchen. Seine Maße auf Stoff mit 44, 55 oder 60 Kästchen sind ca. 8 x 8 cm, 6,5 x 6,5 cm bzw. 6 x 6 cm.

6 Das Motiv ist von einem Element zum nächsten 44 Kästchen breit und 20 hoch. Auf einem Stoff mit 44 Kästchen wird es ca. 10 x 4,5 cm, auf einem mit 55 Kästchen 8 x 4 cm und bei 60 Kästchen 7,5 x 3,5 cm groß (vgl. Foto S. 30).

7 Das Motiv hat 62 x 62 Kästchen. Auf drei Stoffarten wird es, geht man vom dichtesten zum lockersten, ca. 14 x 14 cm, 11 x 11 cm bzw. 10 x 10 cm groß.

8 Das Motiv hat 108 x 108 Kästchen. Auf drei Stoffarten wird es, geht man vom dichtesten zum lockersten, ca. 24,5 x 24,5 cm, 20 x 20 cm bzw. 18 x 18 cm groß.

9 Das Motiv ist 76 Kästchen breit und 72 hoch. Auf den drei verschiedenen Stoffarten wird es ca. 17 x 16 cm, 14 x 13 cm bzw. 13 x 12 cm groß.

10 Das Motiv ist von einem Element zum nächsten 77 Kästchen breit und 55 hoch. Auf den drei verschiedenen Stoffarten wird es ca. 17,5 x 12,5 cm, 14 x 10 cm bzw. 13 x 9 cm groß (vgl. Foto S. 15).

11 Das Motiv ist von einem Element zum nächsten 90 Kästchen hoch und 76 breit. Auf den drei verschiedenen Stoffarten wird es ca. 20,5 x 17 cm, 16 x 14 cm bzw. 15 x 13 cm groß.

12 Das Motiv ist von einem Element zum nächsten 31 Kästchen hoch und 25 breit. Auf den drei Stoffarten wird es ca. 7,5 x 5 cm, 5,5 x 4,5 cm bzw. 5 x 4 cm groß.

13 Das Motiv ist 192 Kästchen breit und 131 hoch. Auf den drei Stoffarten wird es ca. 43,5 x 30 cm, 35 x 24 cm bzw. 32 x 22 cm (vgl. Foto S. 14).

Alles in BLAU

14 Das Motiv hat 80 x 82 Kästchen. Auf den drei Stoffarten wird es ca. 18 x 18,5 cm, 14,5 x 15 cm bzw. 13,5 x 14 cm groß (vgl. Foto S. 29).

15 Das Motiv ist von einem Element zum nächsten 27 Kästchen breit und 25 hoch. Auf den drei Stoffarten wird es ca. 6 x 5,5 cm, 5 x 4,5 cm bzw. 4,5 x 4 cm groß.

16 Das Motiv ist 61 Kästchen breit und 73 hoch. Auf den drei Stoffarten wird es ca. 14 x 16,5 cm, 11 x 13,3 cm bzw. 10 x 12 cm groß.

17 Das Motiv hat 102 x 102 Kästchen. Auf den drei Stoffarten wird es ca. 23 x 23 cm, 18,5 x 18,5 cm bzw. 17 x 17 cm groß.

18 Das Motiv hat 53 x 64 Kästchen. Auf den drei Stoffarten wird es ca. 12 x 14,5 cm, 9,5 x 11,5 cm bzw. 9 x 10,5 cm groß.

19 Das Motiv hat 24 x 49 Kästchen. Auf den drei Stoffarten wird es ca. 5,5 x 9 cm, 4,5 x 9 cm bzw. 4 x 8 cm groß.

20 Das Wiederholungsmotiv hat 24 x 33 Kästchen. Auf den drei Stoffarten wird es ca. 5,5 x 7,5 cm, 4,5 x 6 cm bzw. 4 x 5,5 cm groß.

21 Das Motiv hat 45 x 58 Kästchen. Auf den drei Stoffarten wird es ca. 10 x 13 cm, 8 x 10,5 cm bzw. 7,5 x 9,5 cm groß.

22 Das Motiv hat 104 x 79 Kästchen. Auf den drei Stoffarten wird es ca. 23,5 x 18 cm, 19 x 14,5 cm bzw. 17,5 x 13 cm groß.

23 Das Wiederholungsmotiv ist 27 Kästchen breit und 38 hoch. Auf den drei Stoffarten wird es ca. 6 x 8,5 cm, 5 x 7 cm bzw. 4,5 x 6,5 cm groß.

24 Das Motiv hat 70 x 71 Kästchen. Auf den drei Stoffarten wird es ca. 16 x 16,1 cm, 12,7 x 13 cm bzw. 11,6 x 12 cm groß.

25 Das Motiv ist 19 Kästchen breit und, von einer Wiederholung zur anderen, 14 hoch. Auf den drei Stoffarten wird es ca. 4 x 3 cm, 3,5 x 2,5 cm bzw. 3 x 2 cm groß.

26 Das Motiv ist von einem Element zum nächsten 99 Kästchen breit und 30 hoch. Auf den drei Stoffarten wird es ca. 22,5 x 6,8 cm, 18 x 5,5 cm bzw. 16,5 x 5 cm groß (vgl. Foto auf Seite 29).

27 Das Motiv ist von einem Element zum nächsten 56 Kästchen breit und 53 hoch. Auf den drei Stoffarten wird es ca. 13 x 12 cm, 10 x 9,5 cm bzw. 9,5 x 9 cm groß.

28 Das Motiv hat 37 x 29 Kästchen. Auf den drei Stoffarten wird es ca. 8,5 x 6,5 cm, 7 x 6 cm bzw. 6 x 5 cm groß.

29 Das Motiv ist von einem Element zum nächsten 24 Kästchen breit und 33 hoch. Auf den drei Stoffarten wird es ca. 5,3 x 7,5 cm, 4,3 x 6 cm bzw. 4 x 5,5 cm groß.

30 Das Motiv ist 27 Kästchen hoch und 42 breit. Auf den drei Stoffarten wird es ca. 6 x 10,5 cm, 5 x 7,5 cm bzw. 4,5 x 7 cm groß.

31 Das Wiederholungsmotiv ist 48 Kästchen breit und 32 hoch. Auf den drei Stoffarten wird es ca. 11 x 7,5 cm, 9 x 6 cm bzw. 8 x 5,5 cm groß.

32 Das Wiederholungsmotiv ist 5 Kästchen hoch, und auf den drei Stoffarten wird es ca. 1,1 cm, 1 cm bzw. 0,8 cm groß.

33 Das Wiederholungsmotiv hat 48 x 40 Kästchen. Auf den drei Stoffarten wird es ca. 11 x 10 cm, 9 x 7 cm bzw. 8 x 6,5 cm groß.

34 Das Wiederholungsmotiv hat 38 x 49 Kästchen. Auf den drei Stoffarten wird es ca. 8,5 x 11 cm, 7 x 9 cm bzw. 6,5 x 8 cm groß.

35 Das Motiv hat 31 x 52 Kästchen. Auf den drei Stoffarten wird es ca. 7 x 12 cm, 5,5 x 9,5 cm bzw. 5 x 8,5 cm groß.

36 Das Wiederholungsmotiv ist 44 Kästchen breit und 52 hoch. Auf den drei Stoffarten wird es ca. 10 x 12 cm, 8 x 9,5 cm bzw. 7,5 x 8,5 cm groß.

37 Das Wiederholungsmotiv ist 13 Kästchen breit und 22 hoch. Auf den drei Stoffarten wird es ca. 3 x 5 cm, 2,5 x 4 cm bzw. 2 x 3,5 cm groß.

38 Das Wiederholungsmotiv ist 33 Kästchen hoch und 30 breit. Auf den drei Stoffarten wird es ca. 7,5 x 7 cm, 6 x 5,5 cm bzw. 5,5 x 5 cm groß.

39 Das Motiv hat 62 x 34 Kästchen. Auf den drei Stoffarten wird es ca. 14 x 8 cm, 11 x 6 cm bzw. 10 x 5,5 cm groß.

40 Das Motiv hat 137 x 136 Kästchen. Auf den drei Stoffarten wird es ca. 30 x 30 cm, 22 x 22 cm bzw. 13 x 13 cm groß (vgl. Foto S. 28)

41 Das Motiv hat 203 x 150 Kästchen. Auf den drei Stoffarten wird es ca. 46 x 34 cm, 37 x 27 cm bzw. 34 x 25 cm groß (vgl. Foto S. 32-33).

42 Das Motiv hat 25 x 33 Kästchen von einem Element zum anderen. Auf den drei Stoffarten wird es ca. 5,5 x 7,5 cm, 4,5 x 6 cm bzw. 4 x 5,5 cm groß.

Alles in VIOLETT

43 Das Wiederholungsmotiv hat 17 x 16 Kästchen. Auf den drei Stoffarten wird es ca. 4 x 4 cm, 3 x 3 cm bzw. 2,8 x 2,8 cm groß.

44 Das Motiv ist 59 Kästchen breit und 93 hoch. Auf den drei Stoffarten wird es ca. 13,5 x 21 cm, 11 x 17 cm bzw. 10 x 15,5 cm groß.

45 Das Wiederholungsmotiv ist 43 Kästchen breit und 40 hoch. Auf den drei Stoffarten wird es ca. 10 x 9 cm, 8 x 7 cm bzw. 7 x 6,5 cm groß.

46 Das Wiederholungsmotiv ist 17 Kästchen breit und 26 hoch. Auf den drei Stoffarten wird es ca. 4 x 6 cm, 3 x 5 cm bzw. 2,8 x 4,5 cm groß.

47 Das Motiv, das viermal symmetrisch wiederholt wird, ist 74 Kästchen breit und 78 hoch. Der komplette Kranz wird auf den drei Stoffarten ca. 33,5 x 35,5 cm, 27 x 28,5 cm bzw. 24,5 x 26 cm groß (vgl. Foto auf S. 114).

48 Das Wiederholungsmotiv hat 38 x 38 Kästchen. Auf den drei Stoffarten wird es ca. 8,5 x 8,5 cm, 7 x 7 cm bzw. 6,5 x 6,5 cm groß.

49 Das Wiederholungsmotiv hat 58 x 58 Kästchen. Auf den drei Stoffarten wird es ca. 13 x 13 cm, 10,5 x 10,5 cm bzw. 9,5 x 9,5 cm groß.

50 Das Motiv ist 103 Kästchen breit und 57 hoch. Auf den drei Stoffarten wird es ca. 23,5 x 13 cm, 19 x 10,5 cm bzw. 17 x 9,5 cm groß.

51 Das Motiv ist 31 Kästchen breit und 72 hoch. Auf den drei Stoffarten wird es ca. 7 x 16,5 cm, 5,5 x 13 cm bzw. 5 x 12 cm groß.

52 Das Motiv ist 50 Kästchen breit und 44 hoch. Auf den drei Stoffarten wird es ca. 11,5 x 10 cm, 9 x 8 cm bzw. 8,5 x 7,5 cm groß.

53 Das Wiederholungsmotiv ist 39 Kästchen hoch und 31 breit. Auf den drei Stoffarten wird es ca. 9 x 7 cm, 7 x 5,5 cm bzw. 6,5 x 5 cm groß.

54 Das Motiv hat 142 x 142 Kästchen. Auf den drei Stoffarten wird es ca. 31 x 31 cm, 16 x 16 cm bzw. 14 x 14 cm groß.

55 Das Motiv ist 39 Kästchen breit und 62 hoch. Auf den drei Stoffarten wird es ca. 9 x 14 cm, 7 x 11 cm bzw. 6,5 x 10 cm groß.

Alles in GELB

56 Das Wiederholungsmotiv ist 32 Kästchen breit und 48 hoch. Auf den drei Stoffarten wird es ca. 7 x 11 cm, 6 x 9 cm bzw. 5,5 x 8 cm groß (vgl. Foto S. 60-61).

57 Das Motiv ist 64 Kästchen breit und 28 hoch. Auf den drei Stoffarten wird es ca. 14,5 x 6,5 cm, 11,5 x 5 cm bzw. 10,5 x 4,5 cm groß.

58 Das Motiv ist 43 Kästchen breit und 60 hoch. Auf den drei Stoffarten wird es ca. 10 x 13,5 cm, 8 x 11 cm bzw. 7 x 10 cm groß.

59 Das Motiv ist 102 Kästchen breit und 110 hoch. Auf den drei Stoffarten wird es ca. 23 x 25 cm, 18,5 x 20 cm bzw. 17 x 18,5 cm groß (vgl. Foto S. 62-63).

60 Das Wiederholungsmotiv ist 44 Kästchen breit und 39 hoch. Auf den drei Stoffarten wird es ca. 10 x 9 cm, 8 x 7 cm bzw. 7,5 x 6,5 cm groß.

61 Das Wiederholungsmotiv ist 25 Kästchen breit und 16 hoch. Auf den drei Stoffarten wird es ca. 5,5 x 3,5 cm, 4,5 x 3 cm bzw. 4 x 2,5 cm groß.

62 Das Wiederholungsmotiv hat 64 x 32 Kästchen. Auf den drei Stoffarten wird es ca. 14,5 x 7 cm, 11,5 x 6 cm bzw. 10,5 x 5,5 cm groß.

63 Das Wiederholungsmotiv hat 49 x 39 Kästchen. Auf den drei Stoffarten wird es ca. 11 x 9 cm, 9 x 7 cm bzw. 8 x 6,5 cm groß.

64 Das Motiv hat 40 x 64 Kästchen. Auf den drei Stoffarten wird es ca. 9 x 14,5 cm, 7 x 11,5 cm bzw. 6,5 x 10,5 cm groß.

65 Das Motiv hat 52 x 52 Kästchen. Auf den drei Stoffarten wird es ca. 12 x 12 cm, 9,5 x 9,5 cm bzw. 8,5 x 8,5 cm groß.

66 Das Motiv hat 180 x 140 Kästchen. Auf den drei Stoffarten wird es ca. 41 x 32 cm, 33 x 26 cm bzw. 30 x 23,5 cm groß (vgl. Foto S. 64 - 65).

Alles in ORANGE

67 Das Wiederholungsmotiv hat 18 x 32 Kästchen. Auf den drei Stoffarten wird es ca. 4 x 7 cm, 3,5 x 6 cm bzw. 3 x 5,5 cm groß.

68 Das Motiv ist 61 Kästchen breit und 102 hoch. Auf den drei Stoffarten wird es ca. 14 x 23 cm, 11 x 18,5 cm bzw. 10 x 17 cm groß.

69 Das Wiederholungsmotiv hat 29 x 44 Kästchen. Auf den drei Stoffarten wird es ca. 6,5 x 10 cm, 5,5 x 8 cm bzw. 5 x 7,5 cm groß.

70 Das Wiederholungsmotiv hat 51 x 35 Kästchen. Auf den drei Stoffarten wird es ca. 11,5 x 8 cm, 9 x 6,5 cm bzw. 8,5 x 6 cm groß.

71 Das Wiederholungsmotiv hat 15 x 16 Kästchen. Auf den drei Stoffarten wird es ca. 3,5 x 3,5 cm, 3 x 3 cm bzw. 2,5 x 2,5 cm groß.

72 Das Motiv hat 75 x 73 Kästchen. Auf den drei Stoffarten wird es ca. 17 x 16 cm, 13,5 x 13 cm bzw. 12,5 x 12 cm groß (vgl. Foto S. 74-75).

73 Das Motiv hat 69 x 55 Kästchen. Auf den drei Stoffarten wird es ca. 15,5 x 12,5 cm, 12,5 x 10 cm bzw. 11,5 x 9 cm groß (vgl. Foto S. 74-75).

74 Das Wiederholungsmotiv hat 26 x 31 Kästchen. Auf den drei Stoffarten wird es ca. 6 x 7 cm, 5 x 5,5 cm bzw. 4,5 x 5 cm groß (vgl. Foto auf S. 81).

75 Das Wiederholungsmotiv hat 19 x 11 Kästchen. Auf den drei Stoffarten wird es ca. 4 x 2,5 cm, 3,5 x 2 cm bzw. 3 x 1,8 cm groß.

76 Das Wiederholungsmotiv hat 31 x 77 Kästchen. Auf den drei Stoffarten wird es ca. 7 x 17,5 cm, 5,5 x 14 cm bzw. 5 x 13 cm groß.

77 Das Motiv hat 69 x 58 Kästchen. Auf den drei Stoffarten wird es ca. 15,5 x 13 cm, 12,5 x 10,5 cm bzw. 11,5 x 9,5 cm groß (vgl. Foto auf S. 80).

78 Das Motiv hat 33 x 53 Kästchen. Auf den drei Stoffarten wird es ca. 7,5 x 12 cm, 6 x 9,5 cm bzw. 5,5 x 9 cm (vgl. Foto auf S. 80).

79 Das Wiederholungsmotiv hat 48 x 31 Kästchen. Auf den drei Stoffarten wird es ca. 11 x 7 cm, 9 x 5,5 cm bzw. 8 x 5 cm groß.

80 Das Motiv hat 26 x 41 Kästchen. Auf den drei Stoffarten wird es ca. 6 x 9 cm, 4,5 x 7,5 cm bzw. 4 x 7 cm groß.

81 Das Motiv hat 70 x 146 Kästchen. Auf den drei Stoffarten wird es ca. 16 x 33 cm, 12,5 x 26,5 cm bzw. 11,5 x 24 cm groß (vgl. Foto S. 78-79).

Alles in ROT

82 Das Motiv hat 76 x 89 Kästchen. Auf den drei Stoffarten wird es ca. 17 x 20 cm, 14 x 16 cm bzw. 12,5 x 15 cm groß (vgl. Foto S. 90).

83 Das Motiv hat 29 x 52 Kästchen. Auf den drei Stoffarten wird es ca. 6,5 x 12 cm, 5,5 x 9,5 cm bzw. 5 x 8,5 cm groß.

84 Das Motiv hat 48 x 43 Kästchen. Auf den drei Stoffarten wird es ca. 11 x 10 cm, 9 x 8 cm bzw. 8 x 7 cm groß.

85 Das Motiv hat 50 x 42 Kästchen. Auf den drei Stoffarten wird es ca. 11 x 9,5 cm, 9 x 7,5 cm bzw. 8 x 7 cm groß.

86 Das Wiederholungsmotiv hat 22 x 33 Kästchen. Auf den drei Stoffarten wird es ca. 5 x 7,5 cm, 4 x 6 cm bzw. 3,5 x 5,5 cm groß.

87 Das Motiv hat 26 x 54 Kästchen. Auf den drei Stoffarten wird es ca. 6 x 12 cm, 5 x 10 cm bzw. 4,5 x 9 cm groß.

88 Das Motiv hat 49 x 67 Kästchen. Auf den drei Stoffarten wird es ca. 11 x 15 cm, 9 x 12 cm bzw. 8 x 11 cm groß (vgl. Foto auf S. 15).

89 Das Wiederholungsmotiv hat 34 x 35 Kästchen. Auf den drei Stoffarten wird es ca. 7,7 x 8 cm, 6 x 6,3 cm bzw. 5,5 x 5,8 cm groß.

90 Das Wiederholungsmotiv hat 30 x 28 Kästchen. Auf den drei Stoffarten wird es ca. 6,5 x 6 cm, 5,5 x 5 cm bzw. 5 x 4,5 cm groß (vgl. Foto S. 88-89).

91 Das Motiv hat 84 x 38 Kästchen. Auf den drei Stoffarten wird es ca. 19 x 8,5 cm, 15,5 x 7 cm bzw. 14 x 6,5 cm groß (vgl. Foto S. 91).

92 Das Motiv hat 81 x 61 Kästchen. Auf den drei Stoffarten wird es ca. 18,5 x 14 cm, 15 x 11 cm bzw. 13,5 x 10 cm groß (vgl. Foto S. 91).

93 Das Motiv hat 48 x 44 Kästchen. Auf den drei Stoffarten wird es ca. 11 x 10 cm, 9 x 8 cm bzw. 8 x 7,5 cm groß.

94 Das Motiv hat 60 x 57 Kästchen. Auf den drei Stoffarten wird es ca. 13,5 x 13 cm, 11 x 10,5 cm bzw. 10 x 9,5 cm groß.

95 Das Motiv hat 146 x 150 Kästchen. Auf den drei Stoffarten wird es ca. 32 x 33,5 cm, 26,5 x 27,5 cm bzw. 14,5 x 15 cm groß (vgl. Foto S. 92-93).

Alles in GRÜN

96 Das Motiv hat 51 x 78 Kästchen. Auf den drei Stoffarten wird es ca. 11,5 x 17,5 cm, 9 x 14 cm bzw. 8,5 x 13 cm groß.

97 Das Motiv hat 41 x 41 Kästchen. Auf den drei Stoffarten wird es ca. 9 x 9 cm, 8 x 8 cm bzw. 7 x 7 cm groß.

98 Das Wiederholungsmotiv hat 12 x 14 Kästchen. Auf den drei Stoffarten wird es ca. 2,5 x 3 cm, 2,2 x 2,5 cm bzw. 2 x 2,3 cm groß.

99 Das Motiv hat 55 x 43 Kästchen. Auf den drei Stoffarten wird es ca. 12,5 x 10 cm, 10 x 8 cm bzw. 9 x 7 cm groß.

100 Das Motiv hat 37 x 37 Kästchen. Auf den drei Stoffarten wird es ca. 8,5 x 8,5 cm, 6,7 x 6,7 cm bzw. 6 x 6 cm groß.

101 Das Motiv hat 78 x 71 Kästchen. Auf den drei Stoffarten wird es ca. 18 x 16 cm, 14 x 13 cm bzw. 13 x 12 cm groß.

102 Das Motiv hat 104 x 44 Kästchen. Auf den drei Stoffarten wird es ca. 23,5 x 10 cm, 18 x 8 cm bzw. 17,5 x 7,5 cm groß (vgl. Foto S. 107).

103 Das Motiv hat 62 x 40 Kästchen. Auf den drei Stoffarten wird es ca. 14 x 9 cm, 11,5 x 7,5 cm bzw. 10,5 x 6,5 cm groß.

104 Das Motiv hat 62 x 41 Kästchen. Auf den drei Stoffarten wird es ca. 14 x 9 cm, 11,5 x 7,5 cm bzw. 10,5 x 7 cm groß.

105 Das Motiv hat 33 x 65 Kästchen. Auf den drei Stoffarten wird es ca. 7,5 x 15 cm, 6 x 12 cm bzw. 5,5 x 11 cm groß.

106 Das Motiv hat 55 x 102 Kästchen. Auf den drei Stoffarten wird es ca. 12,5 x 23 cm, 10 x 18,5 cm bzw. 9 x 17 cm groß.

107 Das Motiv hat 29 x 41 Kästchen. Auf den drei Stoffarten wird es ca. 6,5 x 9 cm, 5,5 x 7,5 cm bzw. 5 x 7 cm groß.

108 Das Motiv hat 110 x 46 Kästchen. Auf den drei Stoffarten wird es ca. 25 x 10,5 cm, 20 x 8,5 cm bzw. 18,5 x 7,5 cm groß (vgl. Foto S. 106).

109 Das Motiv hat 52 x 65 Kästchen. Auf den drei Stoffarten wird es ca. 12 x 15 cm, 9,5 x 12 cm bzw. 8,5 x 11 cm groß.

110 Das Motiv hat 31 x 39 Kästchen. Auf den drei Stoffarten wird es ca. 7 x 9 cm, 5,5 x 7 cm bzw. 5 x 6,5 cm groß.

111 Das Wiederholungsmotiv hat 12 x 19 Kästchen. Auf den drei Stoffarten wird es ca. 2,5 x 4 cm, 2 x 3,5 cm bzw. 2 x 3 cm groß.

112 Das Wiederholungsmotiv hat 21 x 25 Kästchen. Auf den drei Stoffarten wird es ca. 5 x 5,5 cm, 4 x 4,5 cm bzw. 3,5 x 4 cm groß.

113 Das Motiv hat 55 x 109 Kästchen. Auf den drei Stoffarten wird es ca. 12,5 x 25 cm, 10 x 20 cm bzw. 9 x 18 cm groß (vgl. Foto S. 107).